컨설팅 경영

챌린지

새로운 도약, 판을 바꾸는 퀀텀 점프

컨설팅 경영 챌린지

초판 1쇄 인쇄 2023년 4월 11일
초판 1쇄 발행 2023년 4월 14일

지은이 황창환·황종현

발행인 백유미 조영석
발행처 (주)라온아시아
주소 서울특별시 서초구 효령로 34길 4, 프린스효령빌딩 5F

등록 2016년 7월 5일 제 2016-000141호
전화 070-7600-8230   **팩스** 070-4754-2473

값 15,000원
ISBN 979-11-6958-050-2 (13320)

라온북은 독자 여러분의 소중한 원고를 기다리고 있습니다. (raonbook@raonasia.co.kr)

CONSULTING MANAGEMENT CHALLENGE

새로운 도약, 판을 바꾸는 퀀텀 점프

컨설팅 경영
챌 린 지

황창환·황종현 지음

시장에서 기업의 성장을 이끈
경영혁신, 투자유치, IPO, M&A의
실전 노하우

기업의
부문별 기능들을
시장에 최적화해
최고치의 역량을
도출하기!

컨설팅 경영을 통해 새로운 사업 구조로 거듭난
중소기업이 대한민국 경제의 중심이 되는
그날을 위한 도전!

RAON
BOOK

새로운 시장의 판을 주도하게 될 컨설팅 경영

경영도 사람(소비자, 조직구성원, 이해관계자)의 마음을 얻는 것이다.

지금은 기업의 경영 환경이 혁신적으로 변하고 있어 기존의 경영 방식으로는 지속성장이 어려워지고 있다.

이러한 경영 환경의 변화 때문에 기업들이 컨설팅 경영을 도입하는 사례가 증가하고 있다. 또한 기업이 회사 내부에 컨설팅 조직을 상시 운영하는 것도 흔히 볼 수 있는 현상이 되었다.

이러한 흐름에서 프로 컨설턴트들이 기업의 최고 경영자로 중용되는 사례가 급속히 늘어나고 있다. 물론 지금의 경영자들도 회사의 방향을 설정하고 좀 더 나은 방식으로 경영하기 위해 노력한다. 하지만 이러한 노력이 성과로 이어지기 위해서는 경영자들의 역할이 지금보다 훨씬 더 커지고 달라져야 한다. 왜냐하면 지금까지의 시장은 새로운 기술을 가진 기업들이 성장을 주도했지만, 이제는 기존의 비즈니스에서 성과를 내지 않으면 생존할 수 없는 시장으로 변화되기 때문이다.

경영자는 사업구조에 대해 고민한다.

지금까지는 기업이 기존의 사업구조를 가지고 경영하여 돈을 벌었다. 하지만 이제는 기존의 사업구조만을 가지고 수익을 창출하기가 어렵다. 그래서 경영자들이 사업구조를 어떻게 바꿔야 하는지에 대해 고민하는 것이다.

이 책에서는 경영자들이 고민하는 사업구조에 대한 것을

중심으로 다룬다. 그중 하나는 기존의 시장을 재정의하는 것
이고, 또 하나는 CX^(고객경험)를 통해서 제품에 생명을 넣어주는
것이다.

시장은 더 높은 가치를 제공하기를 원한다.

시장은 계속 변화하기 때문에 기업은 기존의 가치를 강화
하고 시장에서 사업의 영역을 확대해야 할 필요가 있다. 그 과
정에 필요한 경영혁신, 투자유치, IPO, M&A를 효과적으로 활
용하는 것이 컨설팅 경영의 핵심이다. 기업은 시장을 재정의
하고 그에 맞는 새로운 가치를 시장에 제공하면 퀀텀 점프할
수 있다. 이를 위해 컨설팅 경영은 경영혁신, 투자유치, IPO,

M&A를 선택적으로 활용하여 기업의 핵심역량을 강화함으로써 더 높은 가치를 제공하는 방법을 제시한다.

컨설팅 경영은 크게 세 가지로 나누어진다.

첫째는 대표가 직접 컨설팅 마인드를 가지고 경영하는 것이다. 이 경우에는 회사 내부에 가장 많은 변화가 발생하는 장점이 있다.

둘째는 컨설팅 마인드를 가진 전문 경영인을 영입하는 방법이다. 이 방법은 영입하는 CEO의 역량에 따라서 컨설팅 경영의 성과에 많은 차이가 발생한다.

셋째는 컨설팅 경영을 주관하는 직원을 내부에서 육성하거나 외부의 적임자를 채용하는 방법이다. 이때 중요한 것은 컨설팅 마인드를 가지고 있는 직원을 경영자 직속으로 배치하는 것이다.

이 책은 컨설팅 경영이라는 개념으로 시장의 재정의와 사업 영역 확대에 대한 구체적인 접근법을 제시하고 있다. 이 책을 통해 새로운 사업구조를 창출하며 기업이 지속 성장하는 데에 도움이 되길 바란다.

2023년 4월

황창환·황종현

기업은 시장을 재정의하고
그에 맞는 새로운 가치를
시장에 제공하면
퀀텀 점프할 수 있다.

차 례

제1장 엔드 코로나 시대,
왜 10배 컨설팅 경영인가?

제2장 10배 컨설팅 챌린지1
: 경영 혁신이 강한 기업을 만든다

제3장 10배 컨설팅 챌린지2
: 투자유치로 기업 경쟁력을 키운다

제4장 10배 컨설팅 챌린지3
: IPO는 성장에 필수 과정이다

제5장 10배 컨설팅 챌린지4
: M&A가 퀀텀 점프를 주도한다

변화에 대응하기 위해
경영자들은 컨설턴트적 사고를 가지고
중요한 의사 결정을 함으로써
판의 변화에 대응하거나,
외부 컨설턴트의 도움을 받아서
컨설팅 경영을 진행해야 하는
시점에 있다.

엔드 코로나 시대,
왜 10배
컨설팅 경영인가?

중소기업 CEO가 모르고 있는
'판의 이동'

지금은 기업들이
풀어야 하는 문제가 많다

컨설팅 경영은 기업의 변화에 최적화되어 있다. 또 지금과 같이 어려운 시장에서도 기업을 퀀텀 점프(Quantum Jump)1)할 수 있게 하는 훌륭한 방법이다. 지금의 대한민국은 경제 전체를 운영하는 판이 바뀌는 시기를 맞이하고 있다.

기업이 지금의 변화에 적응하는 방법은 사업구조를 새로운 판에 맞도록 조정하는 것이다.

---

1) Quantum Jump : 기업의 퀀텀 점프는 성장, 운영 또는 전반적인 성공에 있어 상당한 도약 또는 돌파구를 의미한다. 이는 혁신, 새로운 시장으로의 확장, 새로운 기술의 채택, 전략적 파트너십 및 효과적인 리더십과 같은 다양한 방법을 통해 달성할 수 있다.

경영 컨설팅의 전략적 접근

투자유치

일반적으로
주식 또는 부채
파이낸싱의 형태로
외부 자본을 식별하고
유치하는 과정

M&A

둘 이상의 회사가
결합하거나
한 회사가
다른 회사를
인수하는 과정

경영혁신

역동적이고
끊임없이
진화하는 시장에서
기업의 성공을 달성하기
위한 더 나은 방법을 찾
는 과정

IPO

비공개 회사가
처음으로
일반 대중에게
주식을 판매하여
공개하는 과정

High ↑ 전략 적합성 ↓ Low

LOW ← 가치창출 잠재 수준 → High

가치창출 잠재 수준	전략 적합성
보유한 자원(인프라, 네트워크)의 가용성 · 사업 추진에 필요한 소요자원 보유 정도 · 소요자원의 활용 가능한 정도	**전략 연계성** · 대내외 사업 여건 변화와 니즈에 따라 전략을 효과적으로 달성할 수 있는 수준 **성과 지향성** · 진행 성과가 창출되었을 경우, 전략에 미치는 파급 정도

컨설팅 경영은 경영자가 주도하여 4가지 변화^{(경영혁신, 투자유치,} ^{IPO, M&A)}를 신속하게 진행하는 방식이다. 이를 주도하는 경영자는 회사에서 내부 컨설턴트가 되고, 이 역할을 하는 경영자를 대표 컨설턴트^(CEO Consultant)라 통칭한다.

컨설팅 경영의 진행단계는 기업의 사업구조와 시장의 정의에 따라 위의 4가지 변화 중에서 선택할 수 있다. 그 이유는 경영에 효과성과 용이성을 반영하여 운영함으로써 기업에 가장 최적화된 성장을 추진할 수 있기 때문이다.

회사에서 올바른 의사 결정을 할 수 있는 대표 컨설턴트^{(CEO} ^{Consultant)}가 기업의 4가지 변화를 진행하면서 빠르게 판의 변화에 대응하면 기업은 퀀텀 점프를 통해 더 높은 레벨로 올라간다. 나는 기업을 경영하면서 1년 6개월 만에 위기에 빠진 기업의 매출을 증가시키는 동시에 영업이익을 316% 개선하는 성과를 만들었다. 이러한 성과의 이면에는 코로나 팬데믹 상황과 시장의 빠른 변화에 대응할 수 있는 컨설팅 경영의 실행이 있었다.

경영자가 컨설팅 경영을 수행하기 위해서는 컨설팅을 좀 더 넓은 범위에서 이해하는 것이 중요하다. 이전의 컨설팅은 기업의 문제를 해결하는 방식으로만 생각되었다. 하지만 최근에는 많은 기업이 회사 내부에 컨설팅을 진행할 수 있는 컨설턴트를 채용하거나, 컨설팅 부서를 만들어 컨설팅을 상시로 진행하고 있다.

이전에는 컨설팅 회사의 컨설턴트들이 회사의 직원들과 같이 문제를 해결하는 방식이었다면 지금은 회사 내부의 직원들이 컨설턴트의 역할을 대신하고 있으며, 그들이 컨설팅을 진행하면서 외부 컨설턴트의 도움을 받는 방식으로 진화되었다. 이러한 방식으로 변화가 확대되면서 기업의 CEO도 내부 컨설턴트의 역할을 하는 경우가 많아졌다.

이러한 시대적 변화로 기업들은 외부의 컨설턴트를 경영자로 영입해서 기업의 변화 속도를 빠르게 하거나 내부의 경영자에게 컨설턴트의 역할을 요구하고 있다. 즉 판이 바뀌는 시기에 기업의 4가지 변화를 추구할 수 있는 대표 컨설턴트 [CEO Consultant]의 역할이 중요해졌다. 이러한 변화에 대응하기 위해 경영자들은 컨설턴트적 사고를 가지고 중요한 의사 결정을 함으로써 판의 변화에 대응하거나, 외부 컨설턴트의 도움을 받아서 컨설팅 경영을 진행해야 하는 시점에 있다.

시장의 변화가 더욱
빠르게 진행되고 있다

　　　　　　　요즘에 기업에서 활동하는
사람들에게 가장 중요한 이슈는 시장이 너무 빠르게 변화한다
는 것이다. 새로운 기술이 쏟아져 나오는 것과 함께 정치·사
회적인 이슈에 의해서도 복잡한 변화들이 발생하고 있다. 이
때는 기업들이 다양하게 변화하는 경제 환경에 맞추어야만 시
장에서 생존할 수 있다. 다양한 시장의 변화에 맞춘다는 것은
기업의 경영방식이 유연하여 변화를 능동적으로 맞이하고, 그
에 따른 문제를 슬기롭게 해결하는 것을 말한다. 이러한 방식
은 주로 기업의 대표 컨설턴트(CEO Consultant)들에게 높은 역량을
발휘할 기회를 제공하기도 한다.

　기존의 경영 환경과 다르게 급변하는 최근의 경영 환경에
서 새로운 접근 방법을 자유롭게 활용하는 사람들은 다양한
역량을 갖추고 있는 경영자들이다. 이들은 기존의 경영자들과
는 다른 방식으로 기업의 내외부에서 발생하는 문제들을 해결
하고 있다.

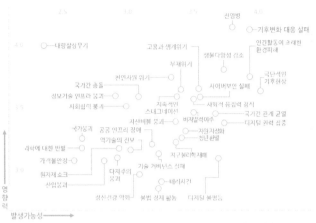

▶ 10년 이내에 전 세계적으로 발생할 수 있는 경영 문제 35개
〈출처 : 글로벌 리스크 보고서 2021, 세계경제포럼(WWF)('21.1)〉

　　이러한 경영자들의 문제 해결 방식은 기업이 컨설팅을 진행하는 방식과 비교해도 놀라울 정도의 속도와 정확성을 가지고 있다. 그 이유는 기업 경영에 가장 중요한 포지션에 있는 경영자가 컨설턴트의 도움을 받거나 스스로 컨설팅적 사고로 문제 해결에 직접 참여하기 때문이다. 지금의 시기에는 경영자에게도 위기와 기회가 동시에 존재한다. 이때 컨설팅 경영을 활용하는 것은 시장에서 치열하게 경쟁하는 경영자에게는 선택이 아닌 필수적인 방법이다.

경영자가 컨설팅 경영을 진행하는 방법은 세 가지로 나누어진다.

첫째는 경영자가 컨설팅적 사고를 하면서 실제로 컨설팅 경영을 진행하는 경우이다. 이런 경우는 변화하는 시장에 빠르게 대응하여 성과를 창출할 수 있다는 장점이 있다. 게다가 최근에 시장 환경이 변화되면서 이러한 기업들이 점점 더 많이 나타나고 있다.

둘째는 컨설턴트를 기업의 경영자로 영입하는 경우이다. 많은 기업이 경영의 복잡성을 해결하기 위해 컨설턴트 출신의 경영자들을 영입하고 있다. 심지어는 기업의 경영자들은 대부분 공대 출신 아니면 컨설턴트 출신들이 대부분이라고 할 정도로, 많은 컨설턴트들이 기업의 경영 일선에 나서고 있다.

마지막으로 기업에서 컨설팅 역량이 뛰어난 직원들 또는 외부의 컨설턴트를 채용하여 컨설팅 조직을 내부에 만들고, 경영자들이 직접 그 조직에서 컨설턴트들과 함께 경영을 이끌어 나가는 것이다. 이 방법은 경영자의 역할과 컨설턴트의 역할이 분리되어 있기는 하지만, 한 팀으로 운영하면서 오히려 서로의 강점을 더 강화하는 사례도 많이 생기고 있다.

컨설팅 경영에서 중요한 것은 시장의 빠른 변화에 기업이 효과적으로 대응할 수 있는지에 관한 질문이다. 만약 우리가 지금의 변화를 주도하고 있거나 빠르게 적응하지 못한다면, 우리는 훨씬 더 많은 문제와 함께 경영에서 현실적인 어려움에 접하게 될 수 있다. 지금은 경영의 변화에 대응할 수 있는 컨설팅 경영을 어떻게 운영할 것인가에 대한 고민이 필요한 시기이다.

새 판에서 기업의 CEO는 최고의 대표 컨설턴트(CEO Consultant)라야 한다

CEO는 조직 내에서 대표 컨설턴트(CEO Consultant)로 활동해야 한다

조직에서 경영자는 가장 많은 생각을 하는 사람이다. 경영자는 기업을 경영하면서 재무, 인사, 생산, 마케팅, 회계 등 기업의 모든 일에 관여하기 때문이다. 또 경영자의 의사 결정에 따라 기업활동의 방향성이 달라질 수 있어 직원들은 경영자의 생각에 많은 관심을 가진다. 그래서 경영자는 직원 및 이해관계자와 소통하기 위해 다양한 방법을 활용해야 한다.

그중 하나의 방법은 포커스 그룹을 운영하는 것이다. 경영자는 기업의 중요한 결정을 할 때 포커스 그룹과 핵심 내용을 깊게 논의하여 중요한 결정에 대한 안전판을 만들 수 있다. 또 소셜 미디어를 통하여 자기 생각을 공유하거나 직원들의 의견을 수렴할 수 있다. 이러한 방식은 경영자가 직원들과 직접 소통하는 형태를 보이며, 회사의 문화, 규모 및 목표에 따라 세부적으로는 차이가 있을 것이다. 하지만 핵심은 경영자와 직원들이 정기적이고 열린 의사소통 기회를 만들어 기업의 의견이 통일된 방향으로 정렬되고 연결되도록 하는 점에서 공통적이다.

내가 경영자로 일할 때 사무실에서 이것저것을 생각하고 결재를 하다 보면 종일 사무실에 직원들이 한 명도 들어오지 않는 날도 있었다. 주로 이런 날들은 회사에 중요한 일이 있거나, 내가 무엇인가를 결정해야 할 때였던 것 같다. 나는 현장을 중요시하기 때문에 평상시에 대부분의 시간을 현장에서 보냈다. 그래서 사무실에 있는 시간이 적었고, 사무실에 있는 날에는 결재를 받으려는 직원들이 많아 하루가 한 시간처럼 지나갔다. 이렇게 회사의 중요한 일을 최종적으로 결정을 해야 하는 상황이 발생하면 며칠이고 사무실에서 고민을 했다. 그때는 내가 지시하지 않아도 직원들이 사무실에 결재를 받으러

오지 않는 것이다. 심지어는 며칠 동안 한 사람도 사무실에 들어오지 않은 때도 있었다.

지금 생각하면 회사의 중요한 일에 대해 기획실이나 부속실에서 잘 알고 있어서 내가 집중할 수 있도록 직원들이 배려를 해줬던 것 같다. 그때는 워낙 바쁘게 일을 했기 때문에 그런 세심한 부분까지 챙겨주는 직원들에게 일일이 감사의 인사를 하지 못했지만, 지금 생각하면 모두가 바쁘게 일하면서 대표의 업무까지 챙겨주기 쉽지 않았을 터라는 생각을 한다.

기업에서 경영자가 하는 일의 대부분은 생각하는 것이다. 기업 경영에서 사소한 부분까지 깊게 생각하고, 임직원들과 충분히 공유하여 결정한 일들은 높은 성과를 만들었다. 하지만 급하게 결정해야 해서 내가 깊게 생각하지 못한 채 직원들과 공유하고 진행했던 일들은 많은 문제점을 발생시키기도 했다. 그러니 직원들도 내가 사무실에서 고민에 빠져 있을 때는 충분히 생각할 수 있도록 배려해 줬다고 생각한다.

당시 내가 깜짝 놀라는 일들이 있었다. 회사의 생산시설은 노후화되어 성수기에 주문이 몰릴 때는 2개의 공장을 24시간 가동해도 주문량을 소화하지 못하는 경우가 허다했다. 이렇게 무리하게 물량을 생산하다 보니 당연히 직원들의 피로도가 높았고, 그로 인한 품질의 저하가 빈번하게 발생했다. 또 생산 현장에 단기 아르바이트 인원을 운영하여 잦은 안전사고가 반복되었다. 이 문제를 해결하기 위해 수도권 근처에 공장 용지를 알아보고 있을 때였다.

공장 용지를 확보하는 것은 중소기업에는 자금 부담이 큰 일이다. 기업이 적자에서 흑자로 돌아선 첫해에 큰돈을 투자했을 경우 자금 운용에 문제가 생길 수도 있었기 때문에 좀 더 시간을 가지고 진행해야 했다. 하지만 성수기만 되면 같은 문제가 반복되고 있어 늦출 수가 없었다. 이런 문제를 해결하기 위해 향후 수십 년을 운영해야 하는 제3공장을 추진하는 것에 대해 세부적인 사항까지 생각하다 보니 어느 때는 며칠을 사무실에 앉아서 여러 가지 사항들을 검토하곤 했다.

하지만 이런 일들은 내가 결정을 하기 전까지는 직원들과 공유할 수 없는 일이었다. 만약 회사가 공장 신축을 진행한다는 것을 경쟁사들이 미리 알게 되면 안 되기 때문에 계획이 구체화된 후에 직원들의 의견을 반영하겠다는 생각으로 회사 내부에도 비밀리에 공장 용지를 물색하고 있었다.

그런데 놀라운 것은 내가 사무실에서 생각만 하고 직원들과는 아무런 논의가 없었는데도 직원들은 사장이 공장 증설에 대해 고민을 하고 있다는 것을 알고 있었다는 사실이다. 나는 깜짝 놀랐다. 내가 사장실에서 단순히 며칠 동안 생각만 했는데도 회사에 소문이 난 것이었다. 공장 용지를 확보하는 것은 가까운 시기에 제3의 공장을 준공한다는 것을 의미하므로 최종 확정이 되기까지는 외부에 알려지지 않아야 한다. 그래서 가장 가까이 있는 비서실에도 말하지 않았고, 생산 관련 임원과도 한 번도 말하지 않았지만, 직원들이 이미 사장의 생각을 알고 있다는 것에 놀랐다. 그리고 이를 통해 경영자가 어떤 생각을 하는 것 자체만으로도 회사에 얼마나 큰 영향을 미치는지를 알게 되었다.

기업의 대표 컨설턴트는
CEO Consultant이다

컨설턴트는 기업의 문제를 해결하기 위해 정말 많은 방안을 생각한다. 그리고 그 방안들을 현장에 접목하기 위해 수많은 사례를 참고하고, 현장에 접목했을 때 발생할 수 있는 많은 경우의 수를 따져서 최적의 개선안을 만들기 위해 실무자와 협의한다.

하지만 이런 과정을 통해 도출된 개선안이라고 해도 모두가 기업에서 실행되지는 않는다. 내가 프로 컨설턴트로 활동하던 시기에 기업의 요청에 따라 아주 높은 컨설팅 비용을 받고 마케팅 전략을 수립했지만, 기업에서 전략 실행에 대한 의사 결정이 늦어져 시장에 적용하지 못한 경우가 있었다. 컨설턴트로서는 기업에 꼭 필요한 전략이었고, 시기적으로 빠르게 진행한다면 상당한 시장점유율을 선점할 수 있는 마케팅 전략이었다.

그런데 정작 경영자는 그 전략에 대해 전혀 관심이 없었다. 그 이유는 그 마케팅 전략이 전임 경영자가 의뢰한 것이고, 새로 부임한 경영자는 마케팅보다는 재무 쪽에 깊은 관심을 보였으며, 회사의 재무 상태를 점검하는 일에 몰입하고 있었기 때문이다. 결국 진행했던 마케팅 전략은 실행의 우선순위에서 밀리고 말았다. 그리고 얼마 지나지 않아서 경쟁사가 같은 전략을 가지고 시장을 선점하는 바람에 그 기업은 수천 억 규모의 시장을 선점할 기회를 경쟁사에 빼앗기고 말았다.

지금 생각해도 아쉬움이 많이 남는 일이었다. 그때 많은 생각을 했다. '만약 내가 경영자였다면 어땠을까?' 하는 생각이었다. 물론 그 당시에는 그런 생각이 큰 의미는 없었지만, 내가 경영자가 되고 난 다음에는 경영자의 생각이 정말 중요하다는 것을 명심하고 경영을 했다. 그러한 결심을 가지고 경영한 결과, 짧은 기간에 많은 사람이 놀랄 정도로 시장에서 기업을 성장시킬 수 있었다.

내가 경영에 대해 많은 조사를 해 봐도 지금과 같이 경영이 복잡했던 시대는 없었던 것 같다. 지금은 경영자의 생각에 따라서 기업의 경쟁력이 달라지는 시기다. 새로운 경영의 판이 형성되는 시기이기 때문이다. 이런 시점에는 경영자가 컨설턴트처럼 생각하면서 경영하는 것이 중요하다. 대표 컨설턴트(CEO Consultant)의 컨설팅 경영은 시장에서 기업이 퀀텀 점프(Quantum Jump)할 수 있는 경영방식이다. 경영자의 생각을 어떤 식으로 전개하고, 기업의 문제를 어떻게 해결할 수 있는지를 가장 효율적으로 접목할 수 있는 경영방식이다. 지금은 기업의 경영자들이 컨설팅 경영을 통해서 높은 성과를 만들 수 있는 최적의 시기가 된 것이다.

컨설팅 경영 CEO는
경영의 새로운 가치 창출을 지원한다

CEO는 새로운
가치 창출을 지원하는 사람이다

CEO는 기업 경영의 4가지 자원에 모두 관여하는 사람이다. 즉 재무, 인사, 생산, 마케팅의 영역에서 기업이 생산하는 가치의 그 수준을 조율하여 기존의 사업구조가 적합한 수준으로 유지될 수 있도록 조정하는 역할을 한다. 그리고 시장의 변화에 따라 사업구조를 변경할 수 있어야 하는데, 여기에서 가장 중요한 것이 기업의 새로운 가치 창출이다. 그래서 기업의 CEO를 새로운 가치를 생산하는 사람이라 하는데, 이 부분을 달성하기 위해서는 상당히 오랜 기간을 업무에 집중해야 하는 경우가 많다.

이때 경영자에게 가장 필요한 것은 일을 추진할 수 있는 체력이다. 경영자가 만들 수 있는 성공의 크기는 그가 가지고 있는 체력과 정비례한다.

내가 부산에서 삼진어묵을 경영하면서 성과를 만들었던 기반은 컨설턴트로서 15년을 생활하면서 꾸준히 내 생활의 패턴을 일정하게 유지하여 체력을 축적한 덕분이다. 나의 생활 방식은 새벽 4시에 일어나 누구보다 먼저 회사에서 일과를 준비하고 난 뒤에 다른 사람들보다 한 시간 먼저 일을 시작하는 것이었다. 사람이 하루에 업무를 할 수 있는 시간은 일정하다. 보통 하루 8시간의 일을 해야 하는데, 새로운 업무가 발생하거나 과다한 업무가 주어지는 경우에 시간을 추가하여 일하게 된다. 그러면 일반적일 때보다 훨씬 더 많은 체력을 소비하게 된다.

하지만 일정한 루틴을 가지고 일을 진행하면 다른 경영자들보다 효과적으로 업무를 진행함으로써 상대적으로 여유를 가지게 된다. 나는 이렇게 매일 1시간 먼저 일을 시작한 덕분에 다른 경영자들보다 높은 업무 생산성으로 주어진 업무를 빠르게 마무리한 뒤 남은 여유 시간에 체력을 비축할 수 있었다.

이 루틴은 고통스럽고 지속하기가 어려운 과정이었다. 이

작업에서 가장 뿌리치기 어려웠던 유혹은, 내가 그렇게 하지 않아도 다른 일에서 더 많은 성과를 낼 수 있다는 생각, 그리고 체력을 기르는 것보다 일을 통해 더 많은 성과를 쌓아야 한다는 생각이었다. 그리고 때로는 유혹에 빠져 내가 하는 루틴을 벗어나서 당장 시급한 일을 하기도 해 봤고, 그러한 일들을 통해서 높은 성과나 더 많은 소득을 올려본 적도 있었다. 하지만 그것은 단기적인 성과로 그쳤을 뿐, 지속해서 내가 하는 일에 발전이나 높은 성취감을 주지는 못했다. 단기적으로 본다면 일에 대한 성취감과 소득이 늘 수는 있지만, 중장기적으로 본다면 더 큰 일을 할 수 있는 가능성을 스스로 줄이는 것이었다.

사회에서 30년을 넘게 일하면서 나는 아침에 정해진 시간에 다른 사람들보다 3시간 빠르게 시작했고, 하루를 시작하기 전에 내가 일을 할 준비사항을 철저히 점검했다. 이렇게 항상 남들보다 빠르게 일할 장소에 도착해서 일을 더 잘할 수 있는 준비를 미리 했던 것이 더 많은 역량과 체력을 다질 수 있었던 노하우였다. 이런 과정 없이 만약에 내가 근시안적인 일의 성과나 소득에만 집중했다면 경영자가 되었을 때 단기간에

316%의 높은 영업이익 창출이라는 결과를 만들어내지 못했을 것이다.

기업 경영은 이론적으로 알고 있는 것과 실제 현장에서 실행하는 것 사이에 아주 큰 차이가 있다. 경영에 대해 이론적으로 알고 있는 사람들은 많다. 그래서 많은 사람이 이론적인 것을 얘기할 수 있고, 다른 사람들에게 그 내용들을 전파할 수도 있다. 하지만 실제로 현장에서, 많은 사람과 실행하여 성과를 내는 것은 아무나 할 수 없다. 즉 경영자가 직접 현장 구석구석을 다니면서 체크하고 실행을 독려하며, 안 되는 것에 대해 직원들과 함께 될 수 있는 방법을 찾아내고 고민하는 과정이 필요하다. 이를 통해 비로소 경영 이론과 현장 경험이 합쳐져 경영 능력으로 완성된다. 경영자가 그런 노력을 하지 않고 자기가 알고 있는 것에 대해서 임원이나 직원들의 교육을 통해 전달한다고 해서 기업이 변하지는 않는다. 즉 경영자는 항상 현장을 중시하고 상황을 정확하게 인지하고 있어야만 경영의 성과를 낼 수 있다.

경영의 성과를 내기 위해서는 생산성을 높이는 게 기본이며, 이것은 누구나 알고 있다. 그런데 실제 경영에 커다란 도움이 되는 것은 경영자가 직접 몸소 체험해서 결과를 만들어 본 '경험'이다. 직접 실행해서 결과를 낸 일들은 경영자의 머릿속만이 아니라 몸에 체화되어 잊히지 않는다. 그리고 이 암묵지(暗默知)는 경영자로 생활하는 과정에서 자연스럽게 발현되고, 다양한 방식을 통해 직·간접적으로 다른 사람들에게 정확하게 전달되게 마련이다.

기업의 새로운 가치는
현장 혁신에서 시작된다

현장 중심의 경영은 기업이 가진 자원의 효과성을 극대화하는 데 필요한 경영방식이다. 대기업과 같이 충분한 경영자원을 가지고 있지 못한 중소기업들은 가지고 있는 자원을 얼마나 효과적으로 활용하는가에 따라 경영의 성과가 달라진다. 이것을 가장 정확하게 조정할 수 있는 장소는 기업의 업무 현장이다. 그래서 중소기업의 경영자는 항상 현장에서 빠르고 정확한 결정을 하는 것이 중요하다.

기업의 직원들은 하고 싶은 일을 할 수 있는 그런 분위기를 원한다. 그래서 힘들게 일하면서도 성취감이 낮거나 스스로 일에서 배우는 것이 적다고 생각하면 기업에 대해 실망한다. 이러한 문제를 해결하기 위해 경영자는 자신이 어떤 생각을 하고, 어떤 일을 하고 있으며, 어떤 방향으로 가고 있는지를 직원들에게 꾸밈없이 보여줌으로써 그들에게 동기 부여를 할 수 있다. 그리고 경영자가 직접 보여주는 행동을 직원들은 부정적으로 생각하지 않는다. 오히려 직원들이 부정적으로 생각하는 것은 일시적인 구호에 그치거나 특정한 성과에 대해서만 제한적으로 공유하는 것이다.

경영은 한 사람이 어떤 일을 하면서 성과를 내는 것이 아니고 많은 사람이 같이 한 방향으로 목표를 가지고 일을 해야만 큰 성과를 낼 수 있다. 여기서 많은 사람이라는 개념은 여러 가지 의미가 있다. 몹시 어렵고 힘든 경영혁신은 처음 시작할 때 전체 조직원들의 10%만 움직여 줘도 무척 빠르게 진행할 수가 있다. 또 현장에서는 직원 100명 중 3명의 인원만 적극적으로 참여해도 혁신의 성과를 낼 수 있다. 중요한 것은 경영자가 확신을 가지고 끝까지 추진할 수 있어야 한다는 점이다. 그리고 어떤 일에 대해 경영자와 직원들 사이에 같은 수준에서 생각의 공감대를 형성하는 과정이 필요하다.

사실 10%나 20%의 사람이 동조하는 것보다, 경영자의 생각에 대해서 명확한 해석을 하고 거기에 자발적으로 참여하는 3명의 직원만 있어도 실제로 경영자는 커다란 힘을 갖게 된다. 그 3명의 직원은 혁신을 추진하면서 각자의 역할들을 충실하게 수행함과 동시에 경영자와 똑같은 수준으로 조직의 세밀한 부문까지 경영혁신을 전파한다. 이러한 전파의 방식은 3명이 각자 또 다른 3명을 스스로 혁신에 참여시키는 방식으로 전달되기 때문에 엄청난 전파속도를 가진다.

따라서 경영자가 제일 중요하게 생각을 해야 하는 점은 어떻게 하면 회사의 직원들에게 자기의 생각이나 방향성을 진정성 있게 보여줄 것인가이다. 그러기 위해 중요한 것은 경영자가 가지고 있는 경험이다. 단순히 책 또는 다른 사람들에게 배운 것을 가지고 직원들에게 전달하면 아무도 진실성 있게 받아들이지 않는다. 현장에서 확인한 것을 직접 실행해 보고 결과를 만든 다음 현장에 적용할 때, 직원들은 공감하고, 그런 경영자와 같이 회사의 성과를 올리기 위해서 노력한다. 즉 현장 중심의 경험을 축적하고 그것을 발휘하는 게 가장 중요하다. 이것을 하기 위해서는 굉장한 에너지가 필요하다.

　경영자는 자신의 경험을 직원들에게 보여주면서도 조직의 중요한 의사 결정을 해야 하므로 체력의 소모가 매우 커진다. 이때가 경영자에게는 몹시 중요하다. 현장을 다니면서 체력이 떨어지고 또 중요한 의사 결정에 많은 에너지를 투입하다 보면 자신도 모르게 사무실에 있는 시간이 많아진다. 이때 사무실을 나와서 현장을 지키는 일은 정말 어렵다. 하지만 경영자가 현장에서 멀어지면 혁신의 추진력이 약해지고 다른 사람들의 이야기나 반발이 점점 커진다. 그러면 회사를 한 방향으로 정렬해서 나갈 수가 없게 되고 빠른 성과를 내기도 어렵게 된다. 중요한 것은 경영자가 현장에서 자기의 경험을 가지고 혁신 활동을 하는 것이다. 그래야만 회사의 경쟁력이 높아지고, 지속적인 혁신이 유지된다.

컨설팅 경영을 하는 CEO가
10배 성장을 만든다

경영자는 자신의
전문성을 높여야 한다

현장에서 컨설팅 경영을 통해 10배 높은 성과를 내기 위해서는 대표 컨설턴트^(CEO Consultant)가 기업의 경영혁신, 투자유치, IPO, M&A에 대한 일반적인 지식과 함께 명확한 목적성을 가지고 경영하는 것이 중요하다.

첫째, 경영혁신을 위해서는 기업의 내부에서 일하는 방식에 창의적인 문화를 장려하여 새로운 아이디어와 솔루션을 지속해서 개발해야 한다. 둘째, 투자유치는 기업의 규모를 키우는 데에 필요한 방법의 하나다. 투자를 유치하는 방법으로는 고성장 사업군의 경우 벤처캐피털을 활용하는 방식이 있고,

크라우드 펀딩을 통해 자금을 조달할 수도 있다. 최근에는 은행을 통해 자금을 조달하는 방식에서 투자를 유치하는 쪽으로 바뀌고 있다. 셋째, IPO의 경우는 기업 공개를 통해서 자금을 조달하는 방식으로, 기업이 퀀텀 점프하기에 적절한 방안이다. 넷째, M&A의 경우에는 오너가 자신의 사업을 전환하거나 사업의 시너지를 만드는 방법이다.

이 네 가지 방법을 활용해 기업을 운영하는 것은 대표 컨설턴트(CEO Consultant)의 역량에 따라 크게 달라진다. 기업에서는 대표 컨설턴트(CEO Consultant)의 임무를 수행하는 데 필요한 역량 수준을 4단계로 나누는데, 그 구분은 역할에 따라 초보 경영자(Novice), 능숙 경영자(Beginner), 숙련 경영자(Practitioner), 전문 경영자(Expert)로 나뉜다.

수준	명칭	개념정의
Level.4	전문경영자 (Expert)	· 경영에 대하여 타인에 비하여 보다 심도 있고 발전된 전문성을 보유한 수준 · 경영과 관련된 일상적/비일상적 업무를 상시적으로 우수하게 처리하는 수준 · 직원을 교육/지도/코칭할 수 있는 수준(현장 멘토 등)
Level.3	숙련경영자 (Practitioner)	· 경영에 대한 보다 전문적인 수준의 개념, 원리, 절차, 방법을 터득하고 있는 수준 · 경영에 대하여 안정적으로 업무 수행할 수 있는 정도의 전문성을 보유한 수준 · 경영과 관련된 비일상적 업무를 독자적으로 수행할 수 있는 수준

Level.2	능숙경영자 (Beginner)	· 경영에 대한 기본 개념, 절차, 기법 등에 대한 이해가 부족한 수준 · 경영과 관련된 기본적 업무를 수행할 수 있는 수준 · 다소 난이도가 있는 비일상적 경영활동 업무를 잘 수행하지 못하는 수준
Level.1	초보경영자 (Novice)	· 경영에 대한 기본 개념, 절차, 기법 등에 대한 이해가 부족한 수준 · 경영을 준비 중이거나 경영의 역할에서 초반 단계에 있는 수준 · 경영과 관련된 기본적 업무를 효과적으로 수행하기 곤란한 수준

▶ 대표 컨설턴트(CEO Consultant)의 경영 수준의 단계

앞에 제시된 〈대표 컨설턴트(CEO Consultant)의 경영 수준 단계〉는 필자가 진행한 컨설팅에서 경영자들이 보여준 행동 특성에 따라 그들을 4단계로 분류한 자료이다.

경영자는 자신의 경영 역량 진단을 통해 현재의 위치를 알아야 한다. 그래야 자신이 컨설팅 경영을 할 때 독자적으로 할 것인가, 아니면 직원이나 조직을 만들어 협력할 것인가를 결정할 수 있다. 자체적으로는 레벨3과 레벨4의 단계에 있는 경영자는 독자적으로 컨설팅 경영을 추진할 수 있는 수준으로 평가한다. 하지만 레벨1과 레벨2의 경영자는 직원이나 조직을 구성해 공동 진행하는 것을 추천한다.

컨설팅 경영의 성과는 대표 컨설턴트^(CEO Consultant)가 자신의

수준을 지속적으로 발전시키면서 그 수준에 맞는 경영혁신, 투자유치, IPO, M&A의 중요성을 알고, 지금 필요한 것에 집중하여 준비하는 데에 달려 있다. 그러지 않으면 중소기업은 이제 시장에서 자연스럽게 경쟁력을 잃고 도태되게 된다. 이전에는 이렇게 복잡한 경영을 안 해도 기업이 잘 성장했다면, 지금은 대표 컨설턴트[CEO Consultant]가 기업 경영에 대한 중요한 결단을 내리지 않으면 안 되는 상황에 몰리고 있다.

시장에 대한
인사이트가 중요하다

대표 컨설턴트[CEO Consultant]는 시장의 인사이트를 높이기 위해 전문가와의 협업에 노력해야 한다. 동종업계나 이종업계와 관계없이 전문가들과 정기적으로 소통하여 정보와 인사이트를 지속해서 높여야 한다. 관련 산업에 대해서는 데이터 분석 도구 및 소프트웨어를 사용해 대량의 시장 데이터를 수집하고 분석할 수 있어야 한다. 이를 위해서 내부에 전담자나 팀을 운영하는 것도 필요하다.

지금의 경영 환경은 기업에서 일할 사람이 점점 줄어들고 있다. 그리고 생산가능 인구는 더 빨리 줄어들어 예전처럼 싼 임금으로 일할 사람이 없으므로 사람을 못 구하여 중소기업의 경영은 어려워질 수밖에 없다. 또 사람들이 일하는 직장에 대한 개념이 많이 달라졌다. 이제는 안정된 직장이라는 개념은 존재하지 않는다. 즉 일이라고 하는 것을 프리 스타일로, 제한되지 않은 범위 내에서, 본인들이 필요로 할 때 하기를 선호한다.

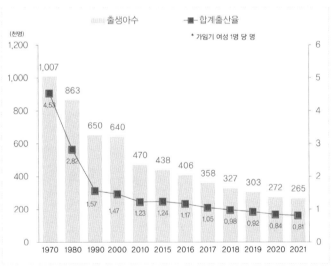

▶ 국내 연도별 출생아 수 및 합계출산율 추이
(출처 : 통계청, 합계출산율 통계자료 및 OECD Family database)

이런 구조에서 기업이 살아남는 방법은 자기 스스로 혁신하거나 타의에 의해 혁신하는 방법을 선택하는 것이다. 이제는 기존에 해왔던 방식으로 더 지속해갈 수는 없다. 그래서 경영자는 컨설팅 경영을 통해 기업을 퀀텀 점프시킬 수 있어야 한다. 즉 사업구조를 지속해서 개선하여 시장의 요구를 충족시킬 수 있는 핵심역량에 집중하면 기업이 10배 성장할 수 있다. 이처럼 사업구조를 개선하여 성장하는 방법은 세 가지로 구분할 수 있다.

첫째, 기업 내부에서 자체적으로 경영혁신을 추진하는 것이다. 이 방법은 기업 내부에 위기에 대한 공감대가 높으면 성공할 가능성이 커진다. 둘째, 외부의 힘을 얻어서 진행하는 것이다. 예를 들면 IPO를 통해 투자를 받아 기업의 외형을 키우는 방식이다. 이 방식의 장점은 단기간에 큰 성과를 낼 수 있다는 점이다. 셋째, M&A를 통해서 기업을 매수하는 것이다. 이 방법의 장점은 기업이 새로운 출발을 할 수 있는 기회를 가질 수 있는 데에 있다. 세상은 빠르게 변하고 있다. 그리고 이제는 경영자들이 생각만 가지고 기업을 키우는 데에도 한계가 있다. 우리가 제어할 수 없는 요소들이 너무나 많아졌다. 그에 따라 경영의 불확실성도 더욱 커졌기 때문이다.

강력한 새로운 가치가
높은 성과를 만든다

항상 새로운
가치 창출에 집중한다

기업의 새로운 가치 창출이 항상 성과에 영향을 주는 것은 아니다. 기업의 새로운 가치 창출과 기업 성과의 관계는 산업 동향, 경쟁 관계, 회사의 전략 및 운영과 같은 다양한 요인의 영향을 받는다.

시장의 기대를 충족시키는 새로운 가치를 창출하는 기업은 고객 만족도 및 수익 증가로 성과가 향상될 수 있다. 반면에 가치를 창출하지 않거나, 혹은 창출하더라도 지속가능한 방식이 아닌 기업의 성과는 장기적으로 떨어진다. 따라서 회사는 가치 창출 활동을 정기적으로 평가하고 지속적인 성과를 위해 필요에 따라 전략을 조정하는 것이 중요하다. 여기에는 혁신, 효율성 개선, 고객 만족에 대한 강한 집중 유지를 위한 지속적인 노력이 포함될 수 있다.

기업이 시장에서 지속해서 새로운 가치를 창출하는 방법을 시장 성숙도와 기술 성숙도에 따라 4가지로 영역으로 구분할 수 있다. 이것은 기업이 지속해서 새로운 가치를 창출하기 위해 활용할 수 있는 방법론이다.

기술 성숙도 \ 시장 성숙도	불확실한 시장 (MRL 5 미만) (신규제품/서비스 수요 창출 여부 미지수)	준비된 시장 (MRL 5 이상) (기존 다양한 제품/ 서비스로 일정 수준 수요층을 창출한 시장)
불확실한 기술 (TRL 5 미만) 기술성 일부 확인 시장성 미확인	기술주도(Techpush)	수요견인(Demandpull) 수요주도(Demandpush)
준비된 기술 (TRL 5 이상) 기술성 확인 시장성 일부 확인	기술견인(Techpull) 기술주도(Techpush)	(벤처 성장 경로)

▶ 신사업 기술 및 시장 성숙도 방향에 따른 유형

기업의 사업구조를 지속해서 개선하는 방법에는 여러 가지가 있다. 하지만 수십 년을 거쳐 그 활동도가 검증된 방법을 활용한다면 컨설팅 경영에서 얻고자 하는 시장에 새로운 가치를 지속해서 제공할 수 있다. 그런 관점에서 본다면 신사업 기술 및 시장 성숙도의 방향에 따른 유형의 분류는 매우 중요한 의미를 부여한다.

앞의 도표에서 가로축은 시장 성숙도이며, 미 국방성은 제품의 제조공정 성숙단계^(MRL: Manufacturing Readiness Scale)를 1단계 '기본 제조 이해 단계', 즉 제조가 가능한 연구 수준부터 10단계 '양산단계 진입 및 전량 생산 수행'까지 나누어 구분하였다.

그리고 세로축은 기술 성숙도^(TRL: Technology Readiness Level)로, 미국 NASA에서 우주 산업의 기술 투자 위험도 관리의 목적으로 1989년 처음 도입한 이래 핵심 요소기술의 성숙도에 대한 객관적이고 일관성 있는 지표로 널리 활용되고 있다. TRL은 기초연구 단계, 실험 단계, 시작품 단계, 실용화 단계, 사업화 단계로 나누어진다. 이러한 방식을 활용하여 새로운 가치 창출에 집중하는 것이 필요하다.

새로운 가치를
기업 성과에 연결한다

회사의 새로운 가치를 성과에 연결하기 위해서는 모든 직원과 이해 관계자에게 기업의 새로운 가치를 명확하게 공유하는 것이 필요하다. 그리고 기업의 사명과 목표 및 정책과 통합해야만 성과를 극대화할 수 있다.

시장은 기업에 새로운 가치를 지속해서 요청한다. 하지만 중소기업의 경우 가지고 있는 자원의 제한 때문에 신기술과 새로운 이론을 지속해서 반영하기가 어렵다. 이러한 문제를 해결하는 데 필요한 방법의 하나가 기업의 핵심역량에 집중하는 것이다. 즉 기존의 사업구조를 어떻게 개선하여 현재보다 더 높은 가치를 제공할 것인가에 대한 방법론을 끊임없이 고민할 필요가 있다. 이러한 과정을 통해 사업구조에 대한 변경이 결정되면 기업이 가지고 있는 핵심역량을 집중할 수 있는 방향성이 설정된다.

기업의 성과에서 가장 중요한 것은 가지고 있는 자원을 최

대한 활용하는 것이다. 이를 위한 방안이 바로 사업구조를 재
정비하고 핵심역량을 집중하는 것이다.

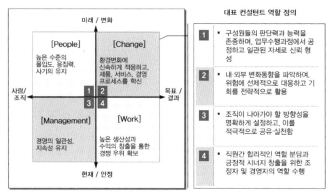

▶ 핵심역량을 활용한 사업구조 모델
(출처: Quinn, R.(1996), Becoming a Master manager
: A Competency Framework, John Wiley & Sons, New York)

　　대표 컨설턴트는 직원들이 자신의 업무에서 가치를 이해하
고 구현할 수 있도록 교육 및 토론회 등을 실시해 공감대를 형
성할 필요가 있다. 또 새로운 가치 공유의 진행 상황을 정기적
으로 파악하는 과정이 필요하다. 이러한 조처를 통해 회사는
새로운 가치를 지원하고 강화하여 궁극적으로 성과를 주도하
는 문화를 만들 수 있다.

회사는 가치 창출 활동을
정기적으로 평가하고
지속적인 성과를 위해
필요에 따라
전략을 조정하는 것이
중요하다.

②

10배 컨설팅 챌린지1
: 경영혁신이
강한 기업을 만든다

기업의 경영을
투명하게 유지한다

경영혁신에
영향을 주는 요소들

경영혁신은 기술혁신을 수
반하여 필연적으로 일어나는 경영상의 전반적인 혁신을 의미
한다. 최근 기술혁신의 속도는 더욱 가속화되었다. 따라서 이
러한 정세에 대처하기 위해 종래의 경영 방법만으로는 불충분
하여 경영의 혁신적인 변화가 요구된다.

최근에는 경영혁신에 영향을 주는 요소들이 너무 많아서
구체적으로 어떠한 부분에 세세하게 대응해야 하는지를 결정
하기가 어렵다. 이런 문제를 효과적으로 해결하기 위해서는
기존에 정리된 자료들을 회사의 사업구조에 맞춰 표로 제시해

보았다. 구체적인 기술혁신의 요소들을 체크하기 위해서는 다음의 〈경영혁신에 영향을 주는 기술혁신의 요소들〉을 참조하여 세부적으로 관리하는 것이 필요하다.

		ICT 기술	주요 내용
NEW	1	메타버스 (웹3.0)	· 기업 뿐만아니라 국민생활, 공공행정까지 확장될 전망 · 대체불가토큰(NFT)과 메타버스가 합쳐진 가상 경제가 성장할 것으로 예측
	2	네트워크 (5G 융합)	· 정부가 '22년부터 한국형 5G PPP를 운영할 예정 · 5G 네트워크는 개방형 무선접속을 통해 하드웨어 중심에서 소프트웨어 중심으로 넘어갈 것으로 전망
	3	인공지능	· AI의 무한대 진화 · AI가 더 보편화될 전망이며, 특히 GPT-4도 '23년 내 상용화될 것으로 발표
NEW	4	디지털 우주	· 디지털 기술을 통해 위성을 제작해 비용을 줄일 수 있어, 민간사업도 시도 가능할 것으로 전망됨
	5	클라우드	· 데이터 저장의 로컬화, 데이터 처리의 분업화, 데이터 이동의 최소화 등 분산 클라우드가 떠오를 것으로 전망
	6	휴먼 증강	· 휴머노이드 실용 가능성에 주목함 · 일반 로봇뿐만 아니라 스마트 글라스, 스마트 워치 등 웨어러블 로봇에 집중할 필요성 존재
NEW	7	모빌리티	· 모빌리티와 소프트웨어(SW) · 자율 모빌리티 시대의 도래로 이에 따른 윤리적 대응이나 제도 개선을 위한 노력이 필요함
NEW	8	ESG, 디지털 해결	· 디지털은 ESG를 실현할 도구 · ESG 중 환경(E) 분야의 탄소중립 대안은 디지털 기반이 될 것으로 전망
	9	플랫폼	· 플랫폼 기업이 규제를 넘어 성장을 계속해 나갈지 주목할 필요가 있음
	10	패권경쟁	· 강대국의 패권 경쟁, 코로나19 이후 보호무역주의 강화로 인한 글로벌화 후퇴, 미국과 중국의 분쟁이 계속되는 상황

▶ 경영혁신에 영향을 주는 기술혁신의 요소들
(출처: 2022 ICT 산업전망 컨퍼런스, 정보통신기획평가원)

대외적으로는 예측·조사·계획에 오퍼레이션 리서치와 같은 과학적 기법을 사용하여 신제품의 조사·개발을 강화하고, 대내적으로는 사무의 합리화, 간접부문 합리화, 무결점 운동이나 탄력적 조직의 채택 등이 추진되고 있다. 이러한 안팎의 체제를 일원화하는 혁신의 기본은, 개성적인 경영이념을 밑바탕으로 한 경영전략과 시스템화이다.

중소기업일수록
경영 원칙이 필요하다

엔데믹이 되면 세상이 정말 좋아질 거라고 예상을 했다. 하지만 코로나 팬데믹이 지나고 나서야 그 당시가 오히려 정말 풍족한 생활을 했었음을 알게 되었다. 코로나가 끝나가는 현재 시점에서 보면 경제 지표들이 더 안 좋아지고 불확실성이 커져서 누구도 예측하지 못할 경영 상황이 되었다.

이런 관점에서 보면 이전의 위기와 지금의 위기는 우선 본질적으로 다르다. 지금의 위기는 내부적 위기와 외부적 위기로 나눌 수 있다.

우선 외부적 요인을 보면 예전의 위기는 어느 정도 예측이 가능한 범위를 가지고 있었다. 즉, 미리 준비하면 대응이 가능한 위기였다. 그래서 경영자들은 미래를 예측하면서 닥쳐올 위기에 '이러저러한' 방식으로 준비하자고 이야기를 했다.

반면 최근의 외부 위기들은 우선 예측하기가 어렵다. 그리고 기업이 통제할 수 있는 요인들이 점점 줄어들고 있다. 즉, 기업들이 통제 불가능한 위기들이 다가오는 것이다. 예를 들면, 신냉전으로 가는 국가 간의 문제들은 우리가 지금까지 경험할 수 없었던 위기들이다. 이는 냉전 시대를 종식하고 벌써 수십 년이 흐르는 동안 우리가 경험하지 못했던 것으로, 따라서 통제할 수 없는 정치적인 이슈들이 많다.

특히 중소기업의 경우에는 이러한 부분에 전체적으로 대응하기가 어렵다. 그래서 이럴 때일수록 가장 중요한 것은 기업의 자원을 한곳에 집중하는 일이다. 특히 중소기업이 가지고 있는 핵심역량의 경우에는 소수의 인원이 소유하고 있거나 특정한 기술이 높은 비중을 가지고 있는 경우가 많다. 이러한 문제점을 해결하고, 지속해서 시장의 대응력을 강화하기 위해서는 전체 직원들이 우리 회사의 경영상태에 대해 공감대를 형

코로나 119 위기 이후 구조적 변화의 주요 흐름도

코로나19
확산

환경변화

경제주체
형태 변화

탈세계화

디지털경제
가속화

저탄소 경제 이행
필요성 증대

주요 부문

글로벌 교역

산업

노동시장

재정

잠재성장률

추세인플레이션

주요 이슈 및 시사점

· 코로나19의 전세계적인 확산과 이에 대응한 각국 이동제한조치의 영향으로 세계 경제는 극심한 경기침체를 겪고 있음
· 과거 글로벌 위기는 그 영향이 경기변동에 그치지 않고 경제에 구조적 변화를 초래함
· Post-코로나 시기에 예상되는 주요 변화와 이로 인한 국내외 경제의 구조변화 가능성이 매우 높으며, 이러한 변화가 우리나라 중장기 성장과 물가 등에서 영향을 미칠 전망임

이에 따라 세계는 이전과는 다른 새로운 정상 상태, 즉 뉴 노멀 (new normal) 시대로 전환될 가능성이 큰 상황임

성하는 것이 기본적으로 필요하다. 따라서 기업의 경영상태를 투명하게 만들어 직원들과 함께 대응하는 경영방식이 요구된다.

앞의 도표는 코로나19 이후 시장의 변화 때문에 기업 경영의 기준이 되는 새로운 정상 상태에 대한 설명이다. 이처럼 세계 경제는 코로나19 이후 변화의 가속화를 경험했다. 그리고 이러한 부분은 기업의 핵심역량을 어떻게 유지하고 발전시킬 수 있는지에 중요한 방향성을 제공한다.

글로벌 경제의 공급망에 대한 이슈에서 보면 예전에는 각각의 나라들이 자기들이 잘할 수 있는 것들을 중심으로 각자의 역할을 책임지고 있었다. 그러나 지금은 그 역할이 축소되거나 아니면 역할을 안 하려고 한다.

이러한 상황은 경영하는 기업가들에게는 위기를 피할 수 있는 수준을 훨씬 넘어서기 때문에 통제 불가능한 요인이다. 따라서 그러한 부분들이 커진다는 것은 그만큼 경영자로서는 곤혹스러운 일이다. 이처럼 지금의 기업들은 통제 불가능하고 점점 예측하기 어려운 외부요인을 가지고 있다.

한편, 다른 하나로 경영자로서 내부 요인을 살펴보면, 예전에는 기업이라고 하는 범주 내에서 구성원들이 하나의 목표를 달성하기 위해서 함께 달려가는 게 일반적이었다. 하지만 최근에는 정말 많은 사람이 다양한 생각을 하고 있어서 일단 내부적으로 하나가 되기 어렵다.

기업에서 바라본 MZ세대

79.2%	이전 세대 직원과 사고방식이 너무 다르다
23.9%	기존 인사 제도로 관리가 어렵다
17.6%	MZ세대가 조직에서 차지하는 비중이 커진다

· 기업이 MZ세대 인재관리에 어려움을 겪는 이유로 '이전 세대 직원과 사고방식이 너무 다르다'는 의견이 79.2%로 가장 높게 나타남

67.8%	개인주의가 강하고 조직보다 개인을 우선시 함
37.3%	불이익에 민감함
32.9%	개성이 강하고 조직에 융화되지 않음
32.5%	퇴사/이직을 과감하게 실행함
20.8%	거침없는 언행
15.7%	이전 세대 방식에 대한 거부감이 큼

· 구체적인 어려움을 느끼는 부분은 '개인주의가 강하고 조직보다 개인을 우선시함'이 67.8%로 가장 높게 나타남

▶ MZ 세대로 인한 조직문화 변화
〈출처: 2020 가장 입사하기 싫은 기업 유형 설문조사(사람인)〉

이전에는 조직이 우선되었다면, 요즘에는 개인의 삶을 우선하는 상황이 되었다. 그리고 이는 세대 간 갈등으로까지 확대되기도 한다. 물론 이런 현상이 나쁘다고 볼 수는 없지만,

경영자로서는 조직을 한 방향으로 끌고 가면서 성과를 만들어 가는 데 제한요인이 된다.

내부적으로 조직원들이 자신을 중심으로 이익을 추구하는 행동을 벌인다는 것은 경영에서는 상당히 곤혹스러운 일이다. 따라서 이러한 경영 환경을 과거에 우리가 경험해 왔던 환경과 비교해보면 경영자로서 할 수 있는 게 아무것도 없다고 하는 생각마저 들게 한다. 하지만 경영자는 이러한 부분들을 어떻게든 극복해서 기업을 성장시키고 발전시켜야 한다는 숙명적 과제를 가지고 있다.

경영자의 말은
법전과 같은 효과가 있다

경영자들은 본인이 가진 사상이나 원칙을 가지고 경영하려고 하지만, 주변 상황이 수시로 변화한다. 경영 상황은 상반기에 다르고 하반기에 다르다. 그리고 시장 상황이 좋을 때와 나쁠 때에 다르게 대응해야 해서 어떤 경우에는 직원들이 혼란스러워하기도 한다.

이처럼 기업에서는 경영자가 어떤 생각을 하고 어떤 말을 하느냐가 굉장히 중요하다. 따라서 한 번 말을 하면 최소한 1년이라도 유지가 돼야 하는데, 주변 상황이 너무 많이 바뀌니까 자신이 아침에 말한 부분을 저녁까지도 지키기가 어려운 경우가 발생한다. 이런 부분을 혁신적인 차원에서 본다면 경영자들이 자기의 말과 행동을 어떻게 직원들한테 전달하고 전파하는가의 문제가 혁신에 중요한 요소가 된다.

경영자는 혁신과 개선에 대해서 생각해 볼 필요가 있다. 혁신은 리더가 중심이 돼서 끌어가는 것이고, 개선은 실무자부터 시작하는 것이다. 따라서 혁신을 끌어가기 위해서는 경영자가 먼저 시작해야 한다. 혁신의 주체에는 조직의 모든 사람이 다 해당하기 때문이다. 따라서 조직의 혁신을 위해서는 경영자의 혁신이 먼저 필요하다. 혁신의 결과를 만들어가는 것은 조직원들이지만, 조직을 끌고 가는 것은 결국 리더이기 때문이다. 따라서 우리는 혁신의 대상을 이야기할 때 경영자를 제외한 모든 조직에 있는 사람들을 얘기하지만, 실질적으로 혁신의 시작은 경영자로부터 출발해야 한다.

한편 작은 조직일수록 조직문화의 혁신이 어렵다고 생각한다. 다음의 도표는 조직에서 혁신을 추구하는 데에 필요한 단계를 나타낸다. 하지만 조직이 작은 기업일수록 한 단계를 진행하는데 더 많은 시간이 필요하다. 따라서 중소기업의 경우에는 혁신의 방향을 명확하게 설정하는 것이 무엇보다 중요하다.

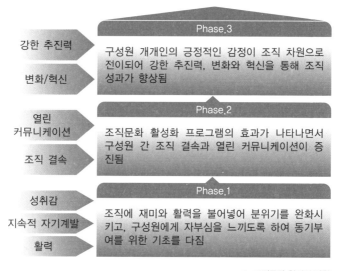

강한 추진력
변화/혁신

Phase.3
구성원 개개인의 긍정적인 감정이 조직 차원으로 전이되어 강한 추진력, 변화와 혁신을 통해 조직 성과가 향상됨

열린 커뮤니케이션
조직 결속

Phase.2
조직문화 활성화 프로그램의 효과가 나타나면서 구성원 간 조직 결속과 열린 커뮤니케이션이 증진됨

성취감
지속적 자기계발
활력

Phase.1
조직에 재미와 활력을 불어넣어 분위기를 완화시키고, 구성원에게 자부심을 느끼도록 하여 동기부여를 위한 기초를 다짐

▶ 조직문화 혁신의 방향

혁신을 시작하기 전에 경영자는 자기 스스로에 대한 확실한 분석과 강한 각오를 해야 한다. 우선 본인부터 혁신이 일어나지 않고 조직원들에게 혁신을 강요해서는 결코 원하는 성과를 얻을 수 없다. 따라서 조직의 문화나 경영의 틀을 바꾸고자

할 때 경영자는 나 자신부터 과연 할 수 있겠는가를 스스로 물어봐야 한다. 만약에 나 자신이 그것을 할 수 없다면 조직에도 요구할 수 없다. 따라서 경영자는 혁신의 출발은 나부터라는 생각으로 시작해야 한다.

또 혁신하게 되면 우리가 어떤 모습이 되는가에 대해서 조직원들과 사전에 공유를 할 수 있어야 한다. 그것을 경영에서는 비전이라 한다. 우리가 힘들고 어려운 과정을 통해서 새로운 조직문화와 경영 환경의 어려움을 극복해 간다면 개인들은 어떤 모습으로 변하게 될 것인가에 대해 구성원들이 공감할 수 있도록 충분한 소통이 필요하다. 만약 이러한 소통의 과정을 거치지 않으면 직원들은 혁신하는 과정에서 힘들어하고 불평하기 때문에 혁신을 일관되게 추진할 수 없다. 따라서 조직에서 혁신을 통한 미래의 모습을 같이 공유하는 과정이 필요하다.

사람이 성장하는 구조를 만든다

일하는 환경은
사람에 의해 만들어진다

중소기업일수록 직원들이 담당하는 직무를 분명하게 정해주는 것이 중요하다. '영업은 어떤 일을 하는 것인가?', '생산은 어떤 일을 하는 것인가?', '재무는 어떤 일을 하는 것인가?', '인사는 어떤 일을 하는 것인가?'를 분명하게 설정하는 것이 곧 성장하는 구조를 만드는 과정이 된다.

기업은 구성원들의 역할에 따라 조직에 기여하는 방법과 수준이 달라야 한다. 즉 직원들이 자신의 직무를 어떻게 정의하고, 이를 통해 필요한 역할을 명확하게 인식하는가에 따라 조직에서 일하는 방식이 달라진다.

역할등급	조직에 대한 기여방식	해당 직무역할	대응 직급 구분
실현단계 (Shaping stage)	· 해당 분야의 차별적 리더십을 가지고 방향을 제시하며 자원을 배분하는 단계	방향제시를 통한 기여 (Leading Through Vision)	팀장급 -------- Manager	팀장급 / 차장
지도단계 (Guiding stage)	· 전문성을 완성하고, 이를 바탕으로 타인을 지도하는 단계	타인을 통한 기여 (Contributing Through Others)	팀내 중간 관리자 역할 -------- Sr. Specialist	과장
적용단계 (Applying stage)	· 학습한 지식을 적용하고, 해당 분야에서 전문화하는 단계	독립적으로 기여 (Contributing Indenpedently)	실무수행 팀원급 -------- Jr. Specialist	대리
학습단계 (Learning stage)	· 기능적 기술 및 지식을 학습하는 단계	Depending on Others (지원을 통한 기여)	실무지원 팀원급 -------- Associate	사원

▶ 직무별 역할등급과 기여방식

앞의 직무별 역할등급과 기여 방식을 직급별로 구분하여 관련자들이 자신의 직무에 대해 이해도를 높이는 것이 곧 성장하는 구조를 만드는 것이다.

영업직무는 물건을 파는 일을 한다고 한다. 하지만 영업이 어떤 일을 하는 것인가에 대한 직무 역할을 바꾸면 직원들이 하는 일이 달라진다. 즉 '영업은 물건을 파는 것이 아니고 물건이 팔릴 수 있는 구조를 만드는 것이다.'라고 하면 영업직원들은 물건을 팔려고 하지 않고 물건이 팔리는 구조를 만들려고 노력한다. 영업에서 물건을 팔려는 것과 물건이 팔리는 구조를 만드는 것은 기업의 성과 측면에서는 하늘과 땅만큼 큰 차이가 있다.

다음의 표에서 제시하는 것과 같이, 기업에서 영업하는 직원들은 자신의 직무에 대해 명확한 비전을 가져야 한다. 즉 영업은 제품을 파는 일을 하는 게 아니라 고객의 비즈니스를 도울 수 있는 일을 함으로써 궁극적으로 고객과 장기적인 비즈니스 동반자의 단계로 성장하는 변화가 필요하다. 이러한 인식을 가지고 영업을 하면 기업은 시장에서 많은 고객에게 더 높은 가치를 제공할 수 있다.

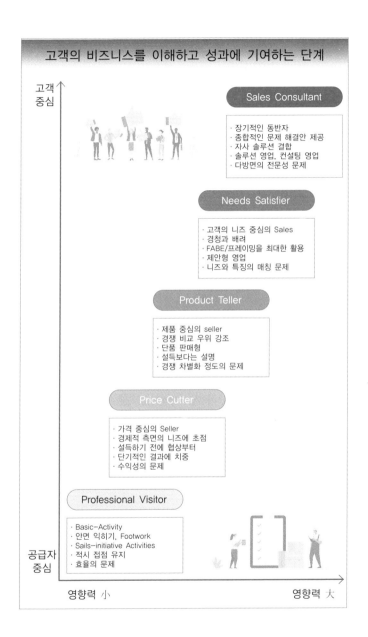

고객의 비즈니스를 이해하고 성과에 기여하는 단계

고객 중심

Sales Consultant
· 장기적인 동반자
· 종합적인 문제 해결안 제공
· 자사 솔루션 결합
· 솔루션 영업, 컨설팅 영업
· 다방면의 전문성 문제

Needs Satisfier
· 고객의 니즈 중심의 Sales
· 경청과 배려
· FABE/프레이밍을 최대한 활용
· 제안형 영업
· 니즈와 특징의 매칭 문제

Product Teller
· 제품 중심의 seller
· 경쟁 비교 우위 강조
· 단품 판매형
· 설득보다는 설명
· 경쟁 차별화 정도의 문제

Price Cutter
· 가격 중심의 Seller
· 경제적 측면의 니즈에 초점
· 설득하기 전에 협상부터
· 단기적인 결과에 치중
· 수익성의 문제

Professional Visitor
· Basic-Activity
· 안면 익히기, Footwork
· Sails-initiative Activities
· 적시 접점 유지
· 효율의 문제

공급자 중심

영향력 小   영향력 大

직무의 정의를 새롭게 설정하는 것이 바로 어떻게 우리 조직이 바뀌어야 하는가에 대한 미래의 비전이 된다. 즉, 물건이 팔릴 수 있는 구조를 만들기 때문에, 직원들은 물건을 직접 팔기보다 물건이 팔릴 수 있는 채널들을 어떻게 잘 활용할 것인가에 대해 고민하게 된다. 또 채널들을 어떻게 하면 우리 중심으로 끌고 갈 것인가에 대해 열심히 연구하게 된다. 그래서 채널과 회사가 훨씬 더 가까운 관계를 갖게 만든다. 그렇게 된다면 기업은 소비자와 함께하면서 기업과 소비자의 간격이 훨씬 좁아진다. 따라서 영업하는 행위도 물건을 싸게 파는 것이 아니라 물건이 판매될 수 있는 구조를 만드는 곳에 비용을 집행하여 제품의 가치를 훼손하지 않으면서 판매되는 더욱 합리적인 유통망으로 확대할 수 있다. 이러한 부분은 자신의 직무에 대한 직원들의 인식으로부터 시작되고, 그 인식이 바뀌면 일하는 환경도 직원들에 의해 새롭게 만들어진다.

우선 사람을
확보하는 것이 답이다

경영자를 덕장 또는 용장으로 구분하는 것은 옳지 않다. 경영자는 그 조직에 따라서 달라져야 하기 때문이다. 덕장이라서 좋고 용장이라서 좋지 않은 것이 아니라, 조직에 맞게 덕장도 되고 용장도 될 수 있어야 한다. 개인적인 성향에 따라 덕장이나 용장으로 경영자의 스타일과 지도력이 고정적으로 구분되어서는 안 된다. 경영자가 조직에 맞는 지도력을 가질 때 조직은 가장 큰 성과를 얻게 된다.

또한 경영자가 조직을 이끄는 스타일과 지도력은 시기에 따라서 달라져야 한다. 조직을 강하게 끌고 갈 때는 용장이어야 하고, 또 어느 순간에는 그것이 변해서 덕장의 역할을 해줘야 한다. 이처럼 조직이 상황에 따라 바뀌듯, 경영자의 역할도 달라져야 한다.

중소기업을 운영하는 경영자들 중에는 본인이 창업했거나 선대로부터 물려받아 경영하는 분들이 많아 그 사업에 관해서는 많은 기술과 경험이 있다. 하지만 그 업을 어떻게 발전시켜 나가느냐 하는 것에 대해서는 제한된 한계를 크게 벗어나지 못하는 것 또한 사실이다. 이를 극복하기 위해서는 다음과 같은 내용을 유념해야 한다.

첫째, 본인이 배우고자 하는 열정을 꼭 가지고 있어야 한다. 경영의 환경이 빠르게 변화하는 시기에 기업의 선장 역할을 하는 경영자가 새로운 것에 대한 배움을 게을리한다면 기업이 시장의 변화를 따라갈 수 없을 뿐 아니라 혁신을 통한 성장을 이룰 수 없다.

둘째, 본인을 자문해 줄 수 있는 자문단이 필요하다. 경영자를 보좌해 줄 수 있는 다양한 분야의 자문단들과 소통할 수 있다면 경영에 상당한 유연성을 확보할 수 있다.

셋째, 주변에 많은 네트워크를 쌓는 것이다. 지금은 경영자의 네트워크가 바로 경영 성과에 직접 연결된다. 그중에서 이종 산업의 네트워크를 쌓는 것이 더 필요하다. 네트워크를 통해서 경영자는 스스로 생각하지 못했던 것을 얻을 수 있다. 또한 현재 시장의 여러 가지의 변화에 대해서도 빠르게 파악할 수 있는 좋은 방법이다.

변화에 적극적으로
대응한다

안 되다는 말을
추진의 동력으로 삼는다

혁신은 어떻게 되고 싶은가
에 대한 미래의 모습을 그리는 것에서 시작된다. 우리가 어떤
모습으로 가고 싶은가를 분명하게 할 때 혁신의 동기도 생기
고 혁신을 할 방법도 나온다.

일반적으로 혁신에 성공한 기업의 사례를 참고할 수는 있
지만, 그것이 우리 회사의 혁신 방법이 될 수는 없다. 왜냐하
면, 서로가 가고자 하는 방향이 달라서 똑같은 방법으로 해서
는 그 혁신에 성공하기 어렵기 때문이다.

따라서 혁신의 방법은 '우리가 어떤 모습이 되었으면 좋겠

는가?' 하는 생각에서부터 시작한다. 예를 들어, 우리가 사업
을 더 확장시켜 나가고자 할 때 기존의 회사와 경쟁을 해야 한
다. 그때 그들과 똑같은 방법으로 먼저 시작한 기업들을 이겨
내기란 쉽지 않다. 따라서 우리는 다른 방법으로 해야 한다.
단기적으로 국내 브랜드와의 협업을, 중·장기적으로 사업 내
시장 세분화를 통해 우리 시장을 새롭게 만들어가는 것이다.
이렇게 하려면 '우리가 어떻게 되고 싶은가?'를 먼저 분명하게
제시해야 한다.

그리고 그 모습을 달성하기 위해서는 우리가 일하는 방식
이 바뀌어야 한다. 일하는 방식을 바꾸는 것은 프로세스의 개
선에서부터 시작된다. 프로세스나 시스템은 우리가 도달하고
자 하는 미래의 모습에 다가갈 수 있는 하나의 수단이 된다.

시스템을 만드는 주체는
회사 조직이어야 된다

IT를 활용하여 시스템을 만
들 때 중요한 것은 '우리가 어떤 모습의 그림을 그리고 싶은

가?'하는 것을 설정하는 일이다. 그것이 결정된 뒤, IT 기술로 구체적 실행을 해주는 것이 개발자들의 몫이다. 다른 사람들은 우리의 본업에 대해서 잘 알지 못한다. 따라서 내가 정확하게 우리의 업의 본모습을 어떻게 만들어가고 싶은가를 규정한 다음 IT 개발자들을 통해서 이를 구현해 내는 것이다. 그러므로 IT 개발자들이 어떤 모습의 시스템을 어떻게 만들어야 하는지를 구체적으로 설명하는 것은 경영자, 아니면 내부 직원이어야 된다.

예를 들어, 우리 대리점의 영업 정책을 바꾸고 싶다면 우선 자사의 대리점들과 어떤 일들이 이루어지고 있는지를 파악해야 한다. 그러기 위해서는 대리점 인터뷰를 통해 '회사에 어떤 정책을 만들면 파트너로서 함께하기 좋겠는가?', 또는 직원 인터뷰를 통해 '우리 직원들은 대리점이 어떤 역할을 했으면 좋겠는가?'를 파악해서 전체의 규모를 키워갈 수 있는 정책이나 담당 직무를 설정하는 과정이 필요하다.

이런 과정을 거쳐 우리가 하는 일들에 대한 불편함을 줄일 수 있다. 이런 측면에서 회사의 중요한 업무를 시스템으로 만드는 것이다. 이러한 일들은 필요에 따라 내부 조직이 만드는 것이지 외부의 시스템 개발자들이 만드는 것이 아니다. 단지 조직이 구현하고 싶은 모습을 좀 더 정확하고 편리하게 운영할 수 있도록 IT의 기술을 도입하여 전문가들에게 도움을 받는 것 뿐이다.

시스템을 만드는
작업이 필요하다

작은 기업일수록 사람에 의해서 일을 하는데, 이것을 모두 시스템으로 바꾸기는 쉽지 않다. 가장 좋은 것은 직원들하고 같이하는 상황이지만, 그것이 불가능한 조직이라면 경영자가 스스로 만들어가는 것이 필요하다. 하지만 그 과정에 반드시 핵심 구성원들은 참여를 시켜서 종국에는 그들이 지도자가 되어 그 시스템을 돌릴 수 있도록 하는 것이 중요하다. 이러한 일들이 대표 컨설턴트[CEO Consultant]가 하는 일이다. 기업 경영을 가장 잘하는 사람이 하는 것이 가장 정확한 컨설팅이다.

회사를 잘 아는 분은 비즈니스 전체를 운영하는 경영자인

데, 그 경영자가 직접 시스템을 만들거나 아니면 직원들과 함께 설계하는 것이 가장 효율적이다. 경영자들은 본인 스스로의 욕구가 있어야 하고 본인이 생각하는 혁신에 대한 강한 니즈가 있어야 한다.

모든 컨설팅의 시작은 니즈에서부터 출발한다. 다음에 그것을 직접 본인이 할 수 있다면 가장 좋으나 직접 하기 어려울 때는 외부 전문가의 조력을 받을 필요가 있다.

시스템에서 언급한 바와 같이, 경영자는 그가 원하는 기업의 청사진을 가지고 있어야 한다. 그렇지 않고 컨설팅 회사에만 맡기면 상대가 그 모든 것을 다 해결해 주는 경우란 없다.

어떤 사건이 일어났을 때 흔히 변호사를 쓴다. 승률이 가장 좋은 변호사를 쓰면 아무래도 좋겠지만, 승률이 가장 좋은 변호사라고 해서 모든 것을 다 해주지는 않는다. 결국은 승률이 좋은 변호사는 '의뢰인이 무엇을 어떻게 하고 싶은가?'에 대한 것을 잘 끌어내는 사람이다. 그런 변호사가 승소할 확률이 높아진다.

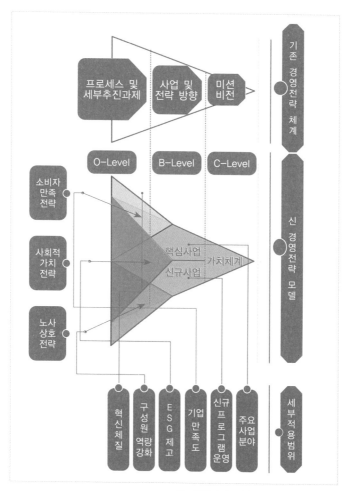

▶ 신 경영전략 체계의 시스템화 방법론

마찬가지로 컨설팅을 잘하는 사람도 의뢰인이 무엇을 원하는가를 어떻게든 끄집어내 그것을 구체화해 준다. 그래서 경영인이 직접 하는 것이 제일 좋겠지만, 현실적으로 그러지 못할 때 나의 니즈를 잘 파악해서 실현할 수 있는 전문성 있는 적임자를 찾는 게 중요하다.

시장의 기회에
적극적으로 투자한다

변화를 위해
새로운 방법을 만들어야 한다

젊은 직원들은 조직에서 가
장 일을 많이 하는 사람임에도 불구하고, 그들은 미래에 대한
불확실성 때문에 막연한 걱정과 근심을 하고 있다. 따라서 그
들은 '내가 이 일을 하는 것이 맞는가?' 또는 '이 일을 해서 나
의 인생을 행복하게 지낼 수 있는가?'에 대한 걱정을 한다.

그러므로 경영자는 젊은 직원들의 걱정을 줄여주는 역할이
필요하다. 단순히 직원들을 격려하는 게 아니라, 그들이 업무
에만 집중할 수 있는 분위기를 만들어 주는 것이 필요하다. 그
중에 하나는 직장인이 되지 말고 직업인이 되자는 것이다. 직
장은 옮길 수 있지만, 직업은 옮길 수 없다. 또 직장은 유한하

지만, 직업은 무한할 수 있다.

예를 들어 기업에서 홍보 기사를 담당하는 직원의 역할은 마케팅 조직에서 하나의 직무를 수행하는 직원이다. 그래서 기업 내부에서는 홍보 담당자라고 부르는데, 기업에서 독립하여 홍보 관련 글을 쓰게 되면 홍보 담당자라고 부르지 않고 작가라고 부른다. 호칭이 바뀌면서 직업인으로 바뀐 것이다. 그러면 소속된 기업의 홍보 뿐만 아니라 프리랜서 홍보작가로 활동하면서 많은 기업의 홍보자료를 작성할 수 있다.

기업의 홍보 담당자는 기업에서 직무를 하는 것과 같다. 다시 말해서 직원들이 어떤 직무를 하든 간에 이 직무를 통해서 직무를 직업으로 바꾼다면 그 사람은 직장을 바꾸더라도 지속해서 일할 수 있다. 또한 직장의 개념이 아니더라도 그 직무를 통해서 얻은 인사이트로 스스로 창업도 할 수 있다. 그러한 수준으로 본인들이 하는 직무에 대한 가치를 느끼게 해줘야 더욱 성장할 수 있다.

내부 직원들을
우리 영역의 전문가로 만들자

　　　　　　　　　　　　직장의 직무를 직업으로 어떻게 바꿀 것인가가 중요하다. 그래서 직무를 직업으로 바꾸기 위해서는 직무전문가로 전환하는 게 필요하다. 기본적인 자세는 본인 스스로가 직무전문가의 영역에 들어가는 것이다. 전문가의 영역으로 들어간다면 시장에서 본인을 알릴 좋은 기회가 많이 생긴다. 예를 들면, 재무를 담당하는 직원은 많은 전표를 정리한다. 이 친구에게 이렇게 얘기를 한다. '전표를 정리하면서 어느 부서가 비용을 얼마나 썼는지도 알고 있는가?' 또 '부서가 어떤 성과를 내고 있으며 성과와 이 비용의 관계를 알고 있는가?'를 물어본다. 그 이유는 이 직원이 단순히 전표만 정리하고 있을 때는 느끼지 못했던 업무 가치를 느끼게 하기 위해서다. 만약에 그 직원이 전표 한 장이 주는 의미를 알게 되면 거기에 어떤 성과가 있는지를 아는 것이다. 그래서 한 달을 마감하면 이번 달에는 우리가 얼마의 비용을 투입해서 어떠한 성과를 냈는가를 알게 된다.

그렇게 1년, 2년이 경과하면 이 직원은 자기가 경영을 하고 있다고 스스로 느낄 수 있다. 결국은 전표를 통해서 회사 내에 모든 자금의 흐름을 알게 되고, 자금이 어떻게 쓰였으며, 어떠한 성과를 가져왔는가를 알게 된다. 이렇게 1년이 흐르면 다음 1년부터는 그것에 대한 측정이 가능해진다. 따라서 이렇듯 직원들이 하는 일에 가치를 불어넣어 주면 전문가의 영역으로 더 빠르게 갈 수 있다. 직원들이 그러한 가치를 느낄 수 있게 하는 것이 경영자의 역할이다. 그렇게 일하는 직원들이 더 좋은 대우를 받고 이직을 한다면 기업 차원에서도 좋은 일이다. 왜냐하면, 밑에 있는 후배 또한 그렇게 일을 해왔으므로 그 후배에게는 더 좋은 기회가 생길 수 있기 때문이다. 이런 방식으로 많은 인재를 배출하게 되면 더 많은 젊은이가 우리 기업에서 새로운 기회를 얻고자 몰려올 것이다.

다른 기업에서 우리 직원들을 스카우트하지 않는 기업은 성공할 수 없다. 따라서 많은 직원이 다른 기업에 더 좋은 조건으로 스카우트되어 가는 기업은 조직의 선순환으로 좋은 젊은이들이 더 많이 지원하게 될 것이고, 그만큼 기회가 많아져서 훨씬 더 좋은 인력풀을 갖게 된다.

다음의 표는 우수한 직원을 확보하는 데 관련된 몇 가지 인사이트를 보여준다. 내부 육성은 대상을 선정하는 방법이 쉽지만, 기업이 요구하는 수준까지 키우는 데 많은 시간이 필요하다. 반면, 외부충원은 적합한 능력을 갖춘 인력을 육성 기간 없이 빠르게 확보할 수 있다는 장점이 있지만, 적합한 인원을 찾는 어려움이 있다. 따라서 아래의 표는 각각의 장단점을 고려한 내부 확보와 외부충원의 Mixed 전략을 설명하고 있다.

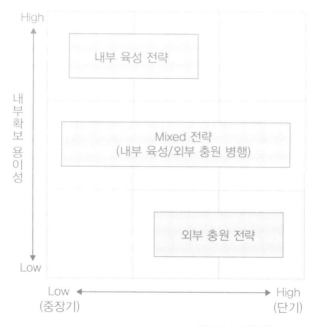

▶기업의 우수 직원을 확보하는 방법

기업은 자신의 업무에 전문가로 활동하는 인재들을 육성해야 한다. 그 방법 중 첫 번째로, 인재를 내부에서부터 먼저 키우는 것을 추천한다. 밖에서 유능한 사람이 필요해서 데려올 수는 있지만, 이런 외부영입이 너무 많으면 자칫 내부 인력들의 승진 기회와 자존감이 없어진다. 또 이에 따라 기존 직원들이 이탈될 가능성도 있다. 그래서 일단은 그 내부 직원들을 연결성 있게 육성하는 것을 권장하고, 두 번째로 외부에서 데려올 때는 기업에 없는 역량을 갖춘 직원을 영입한다. 이런 방향이 직원들에게 분명하게 전달되면 직원들도 받아들일 수 있다. 또 작은 기업일수록 핵심 인력 한 사람이 하는 역할이 상당히 클 수 있다. 이것을 방지하기 위해서는 사람에 의한 경영이 아니라 시스템에 의한 경영이 필요하다. 기업이 성장하고 미래가 있는 조직으로 발전하기 위해서는 시스템으로 일하는 방식의 변화가 필요하다. 하지만 그것이 짧은 시간에 구축될 수 있는 일이 아니기 때문에 다소의 시간을 들여 만들어가는 것이 중요하다.

기업이 시장의 기회에 적극적으로 투자하고 사업 규모를 확대하기 위해 사람에 의존하는 것은 점점 더 어려워지고 있다. 지금의 사업 환경에서는 많은 사람을 동원해서 하는 비즈니스는 아무리 좋은 사업 아이템이라고 해도 재무적인 성과를 만들기 어렵기 때문이다.

그래서 기업은 적극적인 투자방식으로 시스템을 활용해야 한다. 시스템의 특징은 구축하는 데 많은 시간이 걸리고 큰 비용이 든다는 단점도 있지만, 한번 구축되면 지속해서 높은 성과를 만들 수 있다는 장점이 있다. 즉, 사람에 의존해서 비즈니스를 하는 것이 아니라 시스템에 의존하기 때문에 더 많은 기회를 만들어 낼 수 있다. 그래서 기업은 시스템을 만들 수 있는 우수한 인재를 확보함과 동시에, 시스템을 구축하는 자체에도 적극적으로 투자해야 한다.

성과는 매출액보다
매출량으로 관리한다

성과는 시스템에 의한
선순환 경영이 답이다

　　　　　　　　시스템에 의한 선순환 경영
이란 어떤 일을 특정인에게 의존하지 않고 시스템적으로 운영
하는 것이다. 예를 들어, 우리가 신상품을 만들 때, 한 사람의
경험과 지혜에 의존하지 않고 집단 지성으로 연결해서 개발하
면, 그것은 어느 한 사람의 전유물이 아니라 모두의 공유물이
되는 상황이 바로 시스템에 의한 경영이다.

　작은 조직일수록 사람에 의해서 경영되는 것이 현실이다.
또 많은 사람을 둘 수 없으므로 과도한 업무 등의 문제 때문에
기업이 작을수록 시스템 경영을 하지 못하게 된다. 하지만 작

은 조직도 집단 지성으로 일할 수 있는 시스템이 구축되도록 끊임없이 도전해야 하는 것이 경영자의 역할이다.

"우리는 작은 기업이라서 그렇게 할 수 없다"가 아니라, 작은 기업에 맞게끔 진행하면 되는 것이다. 즉 실행하는 과정이 중요한 것이고, 대기업과 중소기업의 차이는 없다.

상황이 어려운 기업일수록, 그리고 어려움을 경험한 직원들일수록 경영자 입장에서는 경영하기가 어렵다고 하지만, 그러한 경우를 당한 기업이나 직원들일수록 동기부여가 필요하다. 어려운 상황을 겪었기 때문에 그들에게 동기부여를 하는 것은 오히려 어렵지 않다. 여기서 더 나빠질 게 없다. 또는 이렇게까지 경험을 해 왔기 때문에 '이제는 우리가 하는 것에 따라서 분명히 성과가 커질 수 있다.'라는 동기부여를 확실하게 줄 수 있기 때문이다. 그러면서 조직이 크든 작든 가지고 있는 핵심역량, 즉 가장 잘하는 것이 무엇인가를 찾는다. 우리는 경영을 하는 데 있어서 모든 것을 잘해야 성과가 나오는 걸로 알고 있다. 물론 뭐 틀린 이야기는 아니다. 하지만 회사를 보면 '어디서부터 시작을 했을 때 가장 성과가 극대화될 것인가?'에 대한 부분에 초점을 맞추게 된다. 그런 점에서 핵심역량을 파악하는 것은 기업의 성과 창출을 위한 필수 점검 사항이다.

　한편 기업을 경영함에 있어 모든 직무별 요소들이 중요하겠지만, 특히 조직이 성과를 내기 위해서는 그중에도 세일즈 조직이 무엇보다 중요하다고 생각한다. 따라서 많은 경영자가 이를 고려해 '조직이 얼마나 시장 중심으로 돌아가게 할 것인가?'하는 부분에 초점을 맞춘다. 그리고 그에 따라 마케팅의 리더, 혹은 세일즈를 잘하는 사람을 마케팅 전문가로 배치하기도 한다. 그러면 조직은 마케팅에 있어 전문성은 좀 부족할 수는 있을지라도 시장의 변화에 맞춰 빠르게 돌아가게 된다. 그래서 경영자는 '조직의 핵심역량 중에서 어디를 선택했을 때 가장 성과가 극대화될 것인가?'를 생각하고, 그를 통해서 조직이 성과에 대해 빠르게 경험하게 한다. 그렇게 했을 때 직원들은 작지만, 성공에 대해 확신하게 된다.

　실제로 식품 기업의 경우에는 시장에서 동일한 제품을 가지고 경쟁사와 고객을 유치하기 위한 치열한 경쟁을 한다. 이때 중요한 것은 마케팅에서 얼마나 빠르게 고객의 니즈를 충족시킬 수 있는 마케팅 전략을 실행하느냐이다. 그래서 마케팅의 리더는 항상 현장에서 세일즈를 경험한 직원을 발탁하는 경우가 많고, 실제로 이러한 방식으로 치열한 경쟁에서 우위를 확보한다. 예컨대, 식품 기업의 경우에는 마케팅이 기업의 핵심역량이 될 수 있는데, 그 까닭은 해당 기업에 대해 시장이 원하는 가치를 마케팅 분야에서 가장 빠르게 제공할 수도 있기 때문이다.

성과는 조직의 크기가 아니고 핵심역량에서 나온다

내가 몸담았던 식품 기업에서 D 우유 브랜드 조직을 인수했을 때, D 우유는 전국에 아홉 군데의 대리점밖에 없었다. 매출은 380억 규모였고, 직원들이 30명이 채 되지 않았다. 그 조직을 가지고 꾀할 수 있는 혁신은 정말 아무것도 없는 것 같았다. 영업은 방문 판매 중심으로 하고 있었는데, 방문 판매 시장은 계속 위축되고 있었다. 반대로 유통은 성장하고 있었는데, 리테일 시장의 영업을 하는 대리점이 9개밖에 안 되어 전체 시장을 전체를 커버할 수 있는 역량이 안 되었다.

우리가 가장 잘할 수 있는 것이 무엇일까? 고민하다가 리테일 시장에서 편의점을 선택했다. 그 이유로 편의점은 제품을 물류센터까지만 갖다주면 자체적으로 모든 작업이 진행되기 때문에 우리처럼 조직이 작은 제조업체가 접근하기에 상대적으로 수월했기 때문이다. 그러면서 편의점 시장에서 가장 잘 어울리는 제품인 드링킹 요구르트를 공급하기 시작했다. 당시 편의점 시장에서 비슷한 제품의 용량은 180mL가 주력이었는데, 우리는 310mL로 젊은 층들이 가장 먹기 좋은 크기를 국내에서 처음으로 만들었다. 그리고 플레이버^(Flavor)가 2개밖에 없었던 것을 6개까지 늘렸다.

그것은 정말 대성공이었다. 50억도 채 안 나가던 매출이 600억까지 상승하는 효과를 얻었다. 이렇듯 기업이 가지고 있는 잠재적 핵심역량이 무엇인가를 찾아서 그것이 어디에서 가장 큰 성과를 낼 수 있겠는지를 결정하는 것, 이것이 바로 성과를 만들어가는 시작이다. 거꾸로 말하면 경영자의 가장 중요한 역량은 조직의 핵심역량을 찾는 것이다.

우리의 핵심역량이 무엇인지를 모른다면 경영을 그만하는 것이 맞다. 대외적으로 우리가 제어할 수 없는 위기 요인들이 크게 드러나는 것이 현실이다. 따라서 이러한 위기 상황에서 가장 믿을 수 있는 것은 우리에게 내재해 있는 핵심역량을 찾아서 그것을 중심으로 지속해서 발전시키는 일, 이것이 곧 경영자가 해야 하는 역할이다.

당시에 D 우유의 경영 환경은 매우 어려운 상황이었다. 하지만 단점이 있었기 때문에 절박한 걸 선택했고, 적은 인원을 가지고 집중한 결과 편의점에서 일등을 한 것이다. 바로 이러한 것이 우리가 작지만, 소홀히 여길 수 있는 우리의 역량들을 어떻게 키우는가에 따라서 달라질 수 있는 대표적 사례이다.

이를테면, 많은 우유가 고온 살균으로 인해 유통기한 10일인데, 우리는 고온 살균이 아닌 저온 살균이라서 유통기한이 6일밖에 안 되었다. 때문에 현장에서는 모두가 유통기한이 짧아서 팔 수 없다고 이야기했다. 이것은 큰 단점이었다.

하지만 우리는 "유통기한이 짧아서 더 신선합니다."라는 콘셉트를 가지고 소비자와 커뮤니케이션을 시작했다. 우리에게 단점이라고 여겨지는 것을 장점으로 바꾸면 우리 직원들도 가치를 느끼게 된다. 그래서 우리는 신선한 제품을 취급하는 회사라는 이미지 혁신으로 시장을 바꿀 수 있었다.

식품 기업이 시장에서 성과를 관리하는 방법 중에는 매출량 관리가 중요하다. 매출액은 가격의 영향으로 증가할 수 있지만, 매출량은 인구 전체가 소비할 수 있는 수량이 정해져 있기 때문이다. 사람은 오늘 두 끼를 먹었다고 해서 내일 네 끼를 먹지 않는다. 즉 오늘의 매출 수량이 관리되지 않았다면, 오늘 판매하지 못한 수량을 내일 판매한다는 것은 불가능하기 때문이다. 기업에서의 성과는 즉시성과 소멸성이 있어서 반드시 일정한 시간에 일정한 수량을 관리하는 것이 필요하다.

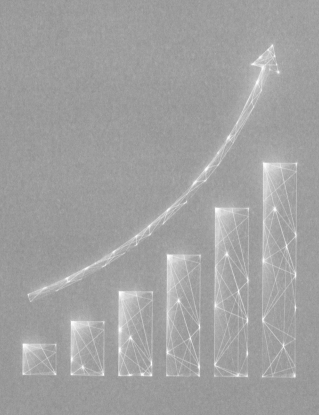

10배 컨설팅 챌린지2
: 투자유치로
기업 경쟁력을 키운다

기업은 투자유치를
통해 성장한다

투자유치의 궁극적인 목표는 기업의 성장과 확장을 뒷받침할 수 있는 자금을 확보하는 것이다. 이는 제품 개발, 마케팅 이니셔티브, 새로운 인재 또는 기술 획득과 같은 다양한 목적으로 사용될 수 있다. 투자를 유치하기 위해 회사는 강력한 사업 계획, 확실한 성공 실적, 시장 동향 및 기회에 대한 명확한 이해를 입증해야 한다.

투자를 유치하려면
어떻게 해야 하나?

중소기업들이 투자기관을 통해 투자금을 유치하려고 할 때, 투자기관들은 대상 기업에 투자를 받기 위한 엄격한 기준을 제시한다. 그 조건 중 하나가 특수관계자들과의 거래를 정리해야 한다는 것이다.

여기서 말하는 특수관계자란 가족, 자회사, 합작회사, 회사의 이사 또는 집행임원 내지는 상당한 지분을 보유한 주주 등 회사와 밀접한 관계에 있는 개인 또는 법인을 말한다. 특수관계자는 회사의 성공 또는 실패에 대한 기득권을 가질 수 있으므로 회사의 재무 및 비즈니스 운영에 중대한 영향을 미칠 수 있다. 예를 들어, 특수관계자가 회사에 돈을 빌려주거나 회사로부터 유리한 이율로 상품 및 서비스를 구매할 수 있으며, 이는 회사의 재무 성과에 영향을 미칠 수 있다.

중소기업을 경영하는 오너들 중에는 회사를 개인의 것으로 생각하는 경우가 종종 있다. 즉, 내가 지분을 많이 가진 한 명의 주주일 뿐이라는 생각을 하지 않는다. 또 어떤 오너들은 기업에 속해 있는 직원들마저도 "우리 자식들이다"라고 얘기할 정도로 회사가 개인의 소유라는 생각이 강하다. 그래서 계속 회사 일을 하고 있고 출근을 하고 있는데, 그러다 보니 특수관계자라고 해서 거래를 중단하거나 기업에서 소속을 없애야 한다는 요구를 받아들이지 못한다. 하지만 결국은 이 단계를 넘어야 투자를 유치할 수 있다.

   또 요즘은 기술보증기금에서 기업의 기술을 담보로 해서
투자를 받을 수도 있고 신용보증기금 같은 기관에서도 브랜드
를 담보로 투자를 받을 수 있다. 즉, 예전에는 주로 은행에 건
물이나 토지를 담보로 해서 자금을 대출받았지만, 현재는 이
와 달리 기술이나 브랜드 등 무형의 자산을 가지고도 투자를
유치하는 방법이 다양해졌다. 하지만 중소기업들은 이런 혜택
을 잘 활용하지 못하는 경우가 많다.

절실함이
새로운 방법을 만든다

                        기업이 투자를 유치하는 방
법의 하나로 신용보증기금에서 기업의 신용을 담보로 하여 투
자가 나가려면 기업의 회계가 정리되어 있어야 한다. 그런데
매출이 300~400억 되는 회사들도 기업 회계 자체를 내부에서
는 모르고 외부의 세무사에서 다 정리하는 경우가 많다. 이런

부분들은 중소기업을 운영하는 사장님들이 마인드를 바꿔야 할 점이다.

　기업의 관리를 외부 회계법인에 아웃소싱 하는 것은 나쁘지 않다. 하지만 기본적으로 회계법인에서 정리해주는 내용은 기업 경영의 결과물에 불과하다. 경영에서 회계적인 결과가 나온다는 것은 경영활동의 단계가 마무리되었다는 이야기다. 따라서 우리가 재무제표를 본다는 의미는 시뮬레이션 경영까지는 아니더라도 현재 우리 회사가 어디쯤 가고 있고 이렇게 가면 어디쯤 도착할 거라는 것을 알기 위한 근거가 된다. 그래서 회계법인이 정리해서 제공하는 자료를 가지고 지금의 상황에 대처하기에는 늦을 수밖에 없다.

　이미 기업의 경영이 나빠져 있을 때 회계자료로는 아무것도 할 수 있는 게 없다. 회계자료가 경영에서 지니는 가치는 '이렇게 가면 적자가 예상되니까, 내가 이렇게 경영하면 안 되겠다'라고 중간에 컨트롤 방향을 제시해주는 것인데, 회계의 아웃소싱이란 그걸 외부에 맡긴다는 것이다. 따라서 외부에서 관리한다고 해도 재무에 아예 관심 없거나 관리에 소홀해서는 안 될 것이다.

다시 말해, 회사의 회계를 '인하우스' 할 거냐 '아웃소싱'을
할 거냐의 문제가 아니라, 경영자라면 현재 하는 이 행위들이
이렇게 갈 때 결과물이 이번 달, 또는 이번 분기인 올해 말에
어떤 성과로 나타날지 예측할 수 있어야 한다는 점이다. 즉 재
무제표를 보고 다음 분기나 내년이 예측 가능해야 한다. 그래
야 사전에 우리가 위기에 대응해 어떤 시나리오를 만들 수 있
다. 그런데 그게 돼 있지 않고 그저 회계처리 결과만 받아보게
될 뿐이라면, 그때는 이미 기업이 위기를 극복할 수 없게 된
다.

시나리오 계획은 급변하는 시장이나 산업과 같이 미래에
대한 불확실성이나 모호성이 높은 상황에서 활용된다. 여러
시나리오를 고려함으로써 경영자는 예측하지 못한 위험과 기
회에 대응할 수 있는 전략 계획을 개발할 수 있다. 시나리오
계획은 역동적이고 지속적인 프로세스이며, 기업은 경영환경
의 새로운 변화에 대응하여 시나리오와 전략의 업데이트가 가
능하다.

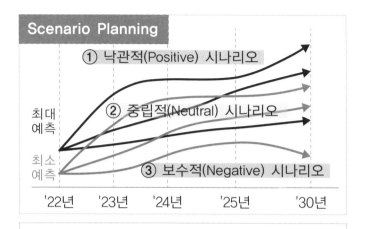

- 경영전략, 핵심 기능과 연계한 사업량 변화 등에 따른 예측 시나리오를 기반으로 미래 사업비의 규모를 추계

  - 투입변수 : 사업 중요도, 목표 사업량, 사업포트폴리오 변화 등
  - 고려요소 : 사업 신설 또는 폐지, 유관 정책 지향점 변화 등

- 추진단계에 따른 신규 예산 및 인력 확보 필요시점을 예측하여 선제적이고 탄력적인 내부 대응체계 구축

  - 사업 추진에 따라 발생되는 사업비를 비롯하여, 신규인력 소요 충족 및 정원 확대 시점에 맞는 합리적 예산 확보 방안 모색
  - 예측 결과에 다른 중장기 재무계획 및 인적자원 효율화 방안 수립 등 탄력적 대응방안 모색

▶ 위기대응의 시나리오 구성

따라서 경영자는 반드시 내가 하는 경영 행위들이 숫자로 어떻게 나오고 있으며 현재 나오는 숫자를 미루어 짐작건대, 이번 달, 분기, 또는 올해에 어떤 결과가 나올 것이라는 예측할 수 있어야 한다. 그래야 지속해서 경영의 방향을 수정해 가면서 리스크를 줄여갈 수 있다.

요즘처럼 환율이 급변하고 금리가 올라가며 또는 해외 공급망 이슈로 원재료의 조달이 불확실한 외적 상황은 기업의 경쟁력에 직접적인 영향을 미친다. 또 소비자들은 라이프사이클이 계속 짧아지기 때문에 기업이 마주하는 대외 여건은 예전보다도 훨씬 제어하기 어려운 일들이 많아진다. 이런 때일수록 경영자는 자신의 방향을 수시로 수정해 가면서 목적 지향적으로 경영해야 한다.

기업은 성장 및 확장 계획을 실행하기 위한 자금을 조달하기 위해 외부 투자를 유치할 수 있다. 기업이 투자를 유치하는 방법에는 설득력 있는 사업 계획 개발이나 전략적 파트너십이 있다. 즉 투자유치는 성장 및 확장 계획에 자금을 대려는 투자자에게 매력적으로 어필하여 성장의 발판을 만들 수 있다.

내부에 새로운
변화의 틀을 만들자

기업 운영에 대한
기준이 필요하다

기업의 재무제표는 일정 기간을 설정하여 보여주는 것으로, 경영활동이 끝난 다음에 보는 결과물에 불과하다. 따라서 경영하는 과정에서 참고해야 하는 자료로 생각해야 한다. 왜냐하면 재무제표는 경영활동을 구체적으로 수치화한 것으로, 경영의 행위로 나타난 결과를 사후에 반영하는 것일 뿐이기 때문이다.

기업의 언어는 숫자라고 하는데, 그런 의미에서 경영 행위를 수치화해서 보는 것은 경영의 결과가 된다. 따라서 재무제표는 "돈을 벌었다, 못 벌었다" 하는 차원이 아니라, 미래에 회사의 모습을 비춰주는 거울이다. 그리고 결과가 투명하고 명확해야 경영 활동의 행위가 분명하게 표현된다.

기업에서 경영과 소유는 분리하는 것이 좋다. 특히 중소기업에서 오너가 경영과 소유를 함께하는 경우, 오너의 역량이 분산되고, 이는 곧 기업의 핵심역량이 분리된 것으로 보일 수 있다. 그래서 대기업들은 전문 경영인 체제를 중심으로 운영된다.

하지만 대기업의 전문 경영인 체제도 대부분 초기에 오너가 기업을 시작하고 성장해 가는 과정에서 가지고 있던 핵심역량이 조직에 스며든 데서부터 출발한다. 그리고 핵심역량이 조직에 스며든 것을 전문 경영인이 시스템으로 키워가는 과정이라고 볼 수 있다.

그러나 중소기업은 아직은 그 상태가 아니기 때문에 경영과 소유를 분리해야 된다는 것보다는 핵심역량이 어디에 있느냐에 따라 경영 활동의 모습이 달라지는 것이다.

중소기업을 오너가 직접 경영하는 체제는 경제 상황이 복잡하고 경영이 어려운 시기에는 힘들지만, 반대로 빠른 의사 결정을 할 수 있는 장점도 있다. 특히 이것은 지금과 같은 경영환경에서는 가장 좋은 강점이 될 수도 있다. 단지 의사 결정 과정이 오너 독단이냐, 아니면 규모가 작아도 내부적으로 함께 논의할 수 있는 합리적 의사 결정 구조가 있느냐 사이에는 중요한 차이가 있다. 따라서 중소기업에서는 오너 중심으로 빠른 의사 결정을 내리면서도 리스크를 피할 수 있는 구조를 만드는 것이 필요하다.

익숙한 것을
과감하게 버린다

중소기업이 지금까지 성공했던 스토리를 가지고 성장해 왔다면, 앞으로의 성공은 장담할 수 없다. 따라서 지금은 이를 보완할 수 있는 컨설팅 경영의 도입이 필요하다. 이러한 과정에서 기존에 해왔던 사업을 다시 한번 돌아보는 계기를 가질 수 있다.

하지만 외부의 컨설턴트가 아무리 해외에서 많은 공부를 하고 우리의 산업에 경험이 많다 해도, 해당 기업을 경영한 경영자만큼은 그 기업을 알지 못한다. 따라서 해답은 내부에 있다. 그러므로 경영자에게는 컨설팅 경영을 통해 현재에 멈춰 있는 기업이 성장을 다시금 견인하는 역할이 요구된다.

이때 기업을 경영하는 사람은 스스로에게 다음 두 가지를 질문해야 한다.

첫째, 내가 하는 업이 어떤 업인가?
둘째, 내가 이 업을 왜 하는가?

내가 기업을 시작할 때는 제조업이었지만, 시대가 변해서 이것이 제조업의 형태로는 경쟁력이 없다고 판단될 때가 있다. 그러면 현재의 핵심역량이 어디에 있는지를 보고 업을 새롭게 전환할 수 있어야 한다. 그러기 위해서는 '내가 왜 이 사업을 하느냐?'에 대해 사람들과 같이 공유하고 소통하면서 내 사업의 목적을 지속적으로 구체화해야 한다.

재무성과를 개선하면
투자가 몰려든다

수익을 내는
구조가 있어야 한다

투자를 받으려고 할 때 중요한 것은 '어떻게 해야 투자를 잘 받을 수 있는가?'하는 문제이다. 이를 위해서는 우리가 하는 사업에 투자하려는 사람들에게 회사의 가치를 제대로 평가받을 수 있어야 한다. 투자하는 측에서 우리 회사를 어떻게 보는가에 따라서 투자의 규모가 달라진다. 따라서 투자를 잘 받기 위해서는 우리 회사가 기본적으로 갖춰야 할 것을 준비해야 한다.

여기서 중요한 것은 사업구조다. 기업의 사업구조가 제대로 되어 있으면 현재의 매출이나 이익이 다소 떨어져도 사업구조를 통한 성장성으로 미래가치를 높게 평가받을 수 있다. 그러므로 우리 회사가 지금까지 사람에 의존해 경영했다면, 투자를 받기 위해서는 이제부터라도 사업구조를 바꾸어 시스템화하는 것이 중요하다.

대내외 환경의 불확실성이 높아질수록 경영자는 경영혁신, 투자유치, IPO, M&A가 왜 필요한가를 생각해야 한다.

예컨대, 현재까지 사업을 성실하게 해 왔는데, 시장이 변해 기업의 경쟁력이 떨어졌다. 그렇다면 경영자는 어떤 형태로 사업구조를 바꿔야 다시 기업의 성과를 극대화할 수 있는가에 대해 고민해야 한다. 그리고 기존의 사업구조를 바꾸기 위해 시장의 흐름을 제대로 파악하려는 노력이 있어야 한다. 이전에 품질이 좋은 제품을 만드는 것에만 승부를 걸었다면, 지금은 소비자가 그 제품을 사야 하는 이유를 만들어 주는 것까지 연구해야 한다.

가령 김밥을 예로 들어보자. 기업이 생산한 김밥은 회사와 소비자 사이의 연결 수단이 되어 주는 하나의 매개체다. 그 매개체를 통해서 소비자에게 효용을 제공하는 것이다.

그런데 소비자가 변화되었다. 따라서 옛날에는 소비자들의 가벼운 호주머니 사정을 고려해 간단하게 한끼를 해결할수 있는 효용을 제공했다면, 지금은 배고프지 않은 소비자들이 뭘 원하는가에 맞춰 효용을 제공해야 한다. 이를테면, 김밥을 통해서 옛날을 회상하고 어린 시절의 추억을 소환할 수 있게 만들어 주는 것이다. 이렇게 CX^(고객 경험)에 집중하여 효용을 제공하는 것으로 사업구조의 전환을 잘하는 기업은 높은 성과를 만든다. 반대로 이러한 사고의 전환 없이 예전처럼 오로지 품질 좋은 김밥에만 집중하는 기업은 시간과 노력의 투자에도 불구하고 사업의 성과가 점점 더 낮아질 수도 있다.

앞의 사례와 연결해서, 김밥을 제조해서 파는 기업은 생산량에 한계가 있어 더 많은 종류의 김밥을 늘리는 것으로는 추가 가치를 제공하기 어렵다. 이런 경우에는 김밥에 대한 정의를 바꿔서 시장을 확대하는 방법을 활용한다. 김밥의 특성인 즉석에서 먹을 수 있다는 강점을 도시락과 같은 영역으로 재정의하는 것이다. 이러면 김밥을 단순히 판매하는 구조에서 탈피해 도시락과 같이 여러 가지 맛을 낼 수 있는 옵션을 추가할 수 있다. 이러한 방법으로 편의점에서 판매하는 도시락이

다양한 구색을 갖춘 것과 마찬가지로, 다양한 옵션을 선택해 조리하는 김밥을 제공하는 것으로 시장을 재정의 할 수 있다.

이렇게 즉석에서 조리해 취식까지 같이 할 수 있는 시장으로 김밥을 재정의하면, 도시락이 우리의 경쟁자가 된다. 그러면 김밥을 도시락처럼 만들면 되는데, 이를테면 소시지나 옥수수 콘 같은 것을 넣어서 김밥을 만들어 주는 것이다. 이렇게 시장을 재정의하여 사업구조를 바꿔야 시장의 규모가 커진다. 그리고 시장이 커지면 우리가 가지고 있는 핵심역량을 더욱 크게 발휘할 수 있는 것이다.

한편 사업구조를 개선하는 또 하나의 방법은 우리 회사의 핵심역량을 찾아보는 것이다. 우리 회사의 핵심역량이 무엇인가? 그리고 어디에 있는가? 만약 핵심역량이 오너에게만 있다면, 누구도 우리 기업에 투자하지 않을 것이다. 왜냐하면, 오너가 떠나고 나면 회사는 껍질밖에 없기 때문이다. 따라서 핵심역량이 조직에 녹아들어 조직 자체가 핵심역량이 될 수 있도록 만들어 줘야 투자하는 쪽에서 기업을 높게 평가한다.

많은 중소기업 경영자들이 우리 회사는 사람이 없다고 이야기를 한다. 이것은 오너가 모든 일을 다 해서 기업에 사람이 없다는 것이다. 다시 말해 조직에서 사람을 키우지 않는다는 뜻이다. 그리고 모든 것을 오너가 결정하는 구조로 되어 있어서 사람이 클 수가 없다는 말도 된다. 그러면 기업의 시스템화도 될 수 없다. 이러한 부분들이 지금까지 체계적으로 되어 있지 않을 경우, 오너부터 '본인이 가지고 있는 핵심역량을 어떻게 조직에 스며들게 할 것인가?'에 대해 고민의 출발점으로 삼는다면 좀 더 기업의 가치를 높게 받을 수 있는 해법이 나올 수 있다. 그렇게 하는 데에 방법적인 부분에서 어려움이 있다면 외부의 조언을 받는 것도 필요하다.

이제는 시장이 원하는 것을 충족시키기 위해서 기존의 제품에 혼을 불어넣고 추가로 시장을 재정의하는 것이 중요하다. 이러한 기업의 경영자는 경영혁신, 투자유치, IPO, M&A 등을 실행하는 컨설팅 경영을 통해 사업구조를 지속해서 새롭게 만들어 갈 수 있다.

투자를 확보할 수 있는
체력을 만든다

지금 중소기업이 구인난을 겪는 이유에는 몇 가지가 있는데, 그중 하나가 직원들이 중소기업을 꺼리기 때문이다. 그 원인을 세 가지를 꼽는다면, 첫째 현실적인 측면에서 급여가 작아서, 둘째, 회사의 브랜드가 약해서, 셋째, 그 중소기업에서는 자신들의 미래를 담보할 수가 없어서이다.

이 문제는 현재 10명이 하던 일을 7명 또는 8명이 할 수 있어서 직원들의 급여를 높여줄 수 있다면 해결 가능하다. 그러면 총액 인건비를 늘리지 않으면서도 10명이 할 일을 7명 또는 8명이 어떻게 할 수 있게 만들까?

정답은 사람이 해야 할 일과 시스템이 해야 할 일들을 구분하고, 이를 통해 적정 인원을 가지고도 업무를 효율화하는 데에 있다.

또한 시스템을 통해서 우리가 하는 일을 바꿀 수 있다. 같은 일을 계속 반복하는 것은 기업의 성장을 위해서 결코 도움이 되지 않는다. 이것을 바꾸기 위해서는 우리가 가고자 하는 방향에 맞는 시스템 개발을 통해서 우리가 하는 일에 변화를 주면 된다. 그렇게 하면 생산성이 높아지게 된다. 빅데이터나 AI와 같은 첨단 기술은 중소기업 측면에서 보면 도입하기 어렵고, 새로운 뭔가를 시작하기에 많은 한계가 있다.

우리는 '시스템' 하면 하늘에서 뭐가 뚝 떨어지는 것으로 생각한다. 또는 엄청나게 많은 돈을 주고 사야 하는 것이라는 선입견을 갖기 쉽다. 게다가 시스템이라는 단어 자체를 상당히 추상적으로 생각하고 어렵게 느낀다.

하지만 빅데이터나 AI와 같은 부분들은 관심에서 출발한다. 개혁과 혁신은 '우리가 하는 이 일을 언제까지나 이런 방식으로 계속해야 하는가, 다른 방법으로 할 수가 없을까? 이것을 변화시킨다면, 어떤 방법이 좋겠는가?' 하는 근본적인 물음에서부터 시작된다고 생각한다.

이렇게 시스템이나 빅데이터에 대한 관심에서부터 출발한 변화의 시작이 처음부터 완벽한 시스템을 이루어 진행된다면 좋겠지만, 늘 그렇듯, 혁신에는 준비기간과 시행착오가 동반된다. 특히 여러 가지를 개발하는 데 들어가는 시간이 많이 소요되기 때문에 중소기업의 경우 점진적인 시스템화가 필요하다. 하지만 필요에 의한 개선 작업이 지속되고 있는 기업과 그렇지 않은 기업 사이에는 결국 기업의 가치에서 차이를 드러낼 수밖에 없게 된다.

끝으로 지금 중소기업들이 겪고 있는 많은 문제 중에 하나가 바로 인재 수급의 어려움이다. 우수한 인재들이 중소기업에 오려고 하지 않는다. 하지만 이점은 시스템의 개선과 더불어 꼭 개선해야 할 문제이다.

이 모든 문제들을 한 번에 다 바꾸기는 어렵겠지만, 많은 중소기업 중에서 우리 기업은 좀 더 다르게 할 수 있는 것을 찾아내 지속적인 변화와 개선을 이어가는 것이 중요하다.

투자유치를 통해
영업이익을 극대화한다

단기간에 드라마틱한
성과를 만들어야 한다

제조업은 시장점유율을 확
대하여 공급을 늘림으로써 생산성을 개선하고 수익도 창출한
다. 특히 중소기업은 생산성을 높이는 것이 무엇보다 우선시
돼야 한다. 그러기 위해 경영자는 기업이 어떤 일을 하고 있
고, 시장은 어디로 가고 있으며, 시장의 규모가 증가하는지 감
소하고 있는지에 민감해야 한다.

경영자는 시장을 명확하게 정의하고 목표 시장점유율 분명
하게 설정할 필요가 있다. 그리고 목표하는 시장점유율을 달
성하기 위해서 무엇을 준비하고, 어떤 것에 집중하는지가 중
요하다. 그래야만 회사의 가치를 높게 평가받을 수 있다. 즉

시장점유율은 회사의 드라마틱한 성과와 직결된다.

대표적 사례로, 구글은 1998년 9월에 설립하여 1999년까지 수익이 없던 조그만 기업이었다. 하지만 2000년 이후, 구글은 검색 엔진 시장에서 급격한 점유율 확보하면서 야후를 포함함 여러 경쟁기업의 시장점유율을 빠르게 흡수했다.

이전에 구글은 검색의 결과를 제공하는 데 중점을 둔 간단한 검색 엔진을 갖춘, 알려지지 않은 회사였다. 그러나 구글은 경쟁사보다 더 정확하고 유용한 결과를 제공할 수 있는 우수한 검색 알고리즘으로 시장 점유율을 빠르게 성장시켰고, 그 결과, 지금은 많은 국가에서 90% 이상의 시장을 점유하며 산업을 지배하고 있다. 이러한 시장 점유율의 급격한 증가는 구글을 매출 1조 달러가 넘는 세계에서 가장 가치 있는 회사 중 하나로 만들었다.

한편 중소기업이 투자를 유치하기 위해서는 재무제표가 중요하다. 재무제표를 잘 관리하려면 경영자가 직접비와 간접비에 대해 명확한 개념을 지니고 있어야 한다.

특히 최근에는 환율이나 원재료의 문제 때문에 간접비와

직접비에 대한 영역을 구분하기도 어려운 경우가 많다. 그리고 어디에 집중해서 재무제표를 개선할 수 있는가에 대한 결정이 어렵다.

경영의 생태계 속에서 기업이 생존하기 위해서는 재무제표 상에서의 탑(top) 라인과 버텀(bottom) 라인을 매출과 수익을 중심으로 봐야 한다. 매출은 조직의 규모에 맞물려 있다. 따라서 재무제표의 탑 라인은 조직을 지탱하는 힘이 된다. 그리고 버텀 라인의 이익은 기업의 건전성을 나타낸다.

이것은 기업의 지급능력과도 연관이 된다. 따라서 기업은 매출 규모에 맞는 조직을 갖추고 있어야 한다. 그것은 고정비를 얼마나 적절하게 유지하고 있는가에 큰 영향을 받는다. 매출액에 비해서 높은 고정비를 가지고 있다면 결국은 수익을 낼 수 없고, 반대로 성장하는 시장에서는 우리가 매출을 더 올릴 수 있다면 선제적으로 고정비를 증가시켜서 시장의 점유율을 더 확대할 수 있다. 따라서 이러한 경영 판단은 경영자가 상황에 따라 할 수 있어야 한다. 중요한 것은 필요 이상의 고정비는 결국은 회사의 수익 건전성을 악화시킬 수 있다는 것이다.

경영성과는 영업이익이
순이익을 우선한다

영업이익은 매출총이익율
에서 출발한다. 기업이 생산하는 제품의 가치가 매출총이익율
(GP: Gross Profit)이다. 따라서 시장점유율이 높은 기업일수록 매출
총이익율이 높게 나오게 되고, 시장점유율이 낮은 기업일수록
매출총이익율이 낮게 나온다. 매출총이익율을 구성하는 요소
는 제조원가와 판매가격이다. 즉 제조원가를 낮추고 판매가를
높여야 수익을 극대화할 수 있다. 시장점유율이 낮은 기업은
판매가를 높일 수 없다. 그래서 생산의 자동화를 통해서 제조
원가에 경쟁력을 확보해야 한다. 이러한 경영 지표들이 달성
되지 않으면 수익을 극대화할 수가 없다.

한편 기업의 이익을 극대화하는 방법은 판관비를 관리하
는 것이다. '판관비의 항목이 적절하게 쓰이고 있는가?'를 봐
야 한다. '동종업계에서의 판관비와 비교해서 경쟁력을 가지
고 있는가?', 즉 비용의 효율성이 중요하다. 이익을 극대화하
기 위해서는 고정비를 뛰어넘을 수 있는 매출 볼륨과 수익을
창출해 낼 수 있는 높은 매출총이익율(GP), 그리고 판관비의 효

율성을 통해서 수익을 극대화할 수 있다.

재무제표는 매출액과 매출총이익, 판관비, 영업이익으로 나눌 수 있다. 결국 앞의 3가지는 영업이익을 내기 위한 종속변수라고 표현할 수 있다.

우리가 왜 매출을 높이는가? 바로 이익을 많이 내기 위해서다. 비율은 떨어질지 몰라도 절대액은 키울 수 있다.

우리가 왜 매출이익을 높여야 하는가? 영업이익을 많이 내기 위해서다.

우리가 왜 판관비를 왜 효율화해야 하는가? 영업이익을 많이 내기 위해서다.

이처럼 매출액과 매출총이익, 판관비, 이 세 가지 지표는 영업이익의 증대라는 공동의 목표에 초점이 맞추어져 분석되고 평가되어야 한다.

수익구조를 GP(매출총이익)와 OP(영업이익) 중심으로 개선한다

매출총이익은 제품 또는 서비스 생산과 관련된 직접 비용만 고려하는 반면, 영업이익은 사업 운영과 관련된 모든 비용을 고려한다. 결과적으로 영업이익은 회사의 수익성과 운영을 통해 이익을 창출할 수 있는 능력을 제공하는 반면, 총이익은 회사 제품 또는 서비스의 수익성에 더 좁은 초점을 제공하는 것으로 구분한다. 여기에 추가로 순이익은 모든 수익과 비용을 고려하여 회사의 전반적인 재정 건전성을 보여준다.

기업은 매출총이익과 영업이익이라는 두 가지 지표 모두를 개선하는 방법으로 매출원가 인하, 판매가격 인상, 운영비 절감, 생산성 향상을 추진하는 전략을 구상하는 데에 집중해야 한다.

영업이익에 직접적인
요소를 관리한다

기업의 매출액, 매출이익, 판관비는 영업이익을 극대화하기 위한 종속 변수라고 할 수 있다. 따라서 매출액이나 매출이익을 높이기 위해서는 상품의 판매가격을 높여야 한다. 하지만 치열한 시장 경쟁 구조 하에서 판매 가격을 높이기는 쉽지 않은 일이다. 따라서 판매가격을 높이기 위해 어떻게 마케팅 할 것인가를 생각해야 한다. 판매가격을 높이기 위해서는 소비자가 구매해야 하는 이유를 분명하게 제시할 수 있는 마케팅 활동이 필요하다.

한편 제조원가를 낮추기 위해서 '어떻게 하면 생산성을 높일 것이냐?' 하는 문제는 경영에 있어 중요한 요소다. 이제는 사람에 의존하는 생산성에는 한계가 있다. 따라서 자동화 투자, 판매수량 증대를 통한 생산성 개선이 필요하다.

가장 중요한 것은 '내가 하는 업의 종류와 성격이 무엇인가? 그리고 이 업의 시장은 성장하고 있는가, 그렇지 않은가?'

하는 점이다.

사업을 하는 관점에서 시장의 변화야말로 가장 중요한 의사 결정의 조건이다. 시장이 커가고 있다면 과감한 투자를 추천한다. 단 시장이 커가는 데 있어서 다른 경쟁사 또는 동종업계의 생산 규모와 시장의 소비 규모를 비교해봐야 한다. 생산의 규모가 소비의 크기보다 크다고 생각될 때는 규모를 늘리는 것에 대해 고민해야 한다. 하지만 시장이 커가는 속도가 생산 규모보다 크다면 주저 없이 투자해야 한다. 기업의 투자는 시장의 변화와 밀접한 관계에 있고, 이와 더불어 동종업계의 경쟁 관계를 반영할 필요가 있다.

설비투자의 측면에서는 시장이 축소되는 속에서도 트렌드의 변화에 따라서 새로운 형태의 소비문화, 또는 새로운 제품을 요구받을 수 있다. 이러한 요구에 맞춰, 새로운 제품을 만들 수 있는 신규 설비에 대한 선제 투자를 통한 새로운 시장의 창출이라는 관점도 필요하다.

판을 바꾸어
변화의 불가역성을 만든다

기업의 브랜드는 앞으로 회사의 미래를 지속 성장시킬 수 있는 핵심 가치로 표현된다. 따라서 기업이 가지고 있는 브랜드의 가치를 높이는 마케팅 활동에는 많은 시간과 큰 자금의 투자가 요구된다. 이러한 어려움을 극복하는 방법으로 해외 브랜드를 선정하여 일정 부분 로열티를 주고 제휴를 맺어 활용함으로써 시간과 투자를 단축하는 방법 등을 생각해 볼 수 있다.

해외시장에 진출하는 부분은 생산 설비를 투자해서 시장을 공략하기보다는 기존의 설비를 가지고 해외시장을 공략하는 방식이 우선된다. 해외 투자에 대한 부분은 우리가 생각하지 못했던 여러 가지 리스크를 관리하는 것이 어려울 수 있기 때문이다. 우리가 가지고 있는 국내 시장의 규모가 더 이상 커지지 않는다면 해외에 신규 시장을 개척하는 부분에 대한 투자는 바람직하다.

해외 브랜드를 도입하는 경우 설비의 보완 또는 해외 브랜드가 가지고 있는 가치를 훼손시키지 않는 수준의 설비 능력을 보유할 것을 요구받게 된다. 이러한 과정을 통해 자사의 생산 경쟁력을 한층 높이는 기회로 활용할 수 있다. 단순히 외국 회사들의 OEM^(주문자 상표의 제품생산방식) 역할을 하는 것보다 브랜드를 국내로 가지고 와서 한국 시장에서 우리가 판매하는 것이 필요하다. 단순한 OEM은 일정 기간이 지나면 또 다른 업체와 OEM 방식으로 전환할 수도 있어 그것을 믿고 투자하는 것은 위험하다.

한국 시장에서 사업을 하는 동안은 함께 한다는 절대적인 계약 조건이 있다면 모르겠지만, 그렇지 않은 상황에서의 투자는 어려움이 있다. 단순 OEM의 개념이 아니라 해외에서 잘 팔리고 있는 인지도가 있는 브랜드를 우리가 가져와 우리 공장에서 생산해서 직접 한국 시장에 판매하는 것이 필요하다.

경영에서는 '기업의 경쟁력과 가치를 어떻게 높일 것인가?' 하는 부분이 중요하다. 그러한 고민이 많은 기업일수록 현재 상황을 정확하게 진단하는 것이 필요하다. 그래서 '우리가 어디에 있으며 또 어디로 가려고 하는가?' 하는 것을 좀 더 구체화해야 한다. 현재의 좌표를 알아야 '우리가 어디로 갈 것인가?' 하는 방향성을 정할 수 있다.

현재의 기업 수준을 아는 것만으로도 일단 기업의 경쟁력

제고 문제에서 절반은 진행된 것이다. 나머지 절반은 현재를 통해서 우리가 꿈꾸는 미래를 어떻게 설계할 것인가에 따라서 짧게는 1년 또는 2년 만에 해결될 수도 있다.

시스템과 생산 경쟁력을 가지는 것, 또는 회사의 시장점유율을 높이기 위한 마케팅 활동은 모두가 기업의 가치를 높이는 일이다. 기업의 가치를 높이는 활동에는 반드시 투자가 병행되어야 한다. 이러한 투자를 자력으로 할 수도 있겠지만, 그것이 어려우면 외부의 투자를 유치하는 것도 대안이 될 수가 있다. 이때 외부에서 투자를 받는 목적이 분명하면 투자유치의 효과를 극대화할 수 있다.

투자유치를 통해서 우리 기업의 가치를 극대화한다는 목적이 분명할수록 결과는 더욱 크게 나타날 것이며, 함께하는 조직원들도 그러한 부분에서 생각의 합의를 이룰 때, 모두가 한 방향으로 나아갈 수 있다.

회사가 지금까지
사람에 의존해 경영했다면,
투자를 받기 위해서는
이제부터라도 사업구조를 바꾸어
시스템화하는 것이 중요하다.

10배 컨설팅 챌린지3
: IPO는 성장에
필수 과정이다

IPO^(Initial Public Offering)란 비상장기업이 유가증권시장이나 코스닥시장에 상장하기 위해 그 주식을 법적인 절차와 방법에 따라 불특정 다수의 투자자에게 팔고 재무 내용을 공시하는 것이다.

기업 공개^(IPO)의 목적은 회사의 주식을 처음으로 대중에게 판매하여 자본을 조달하는 것이다. IPO에서 확보한 자금은 회사 성장 자금 조달, 부채 상환, 연구 개발 투자 또는 인수에 사용한다. IPO를 통해 회사는 개인 소유의 차원을 뛰어넘어 공개적으로 누구나 회사의 주식을 구매할 수 있게 된다. 이를 위해 회사는 증권 거래를 위한 분기별 및 연간 보고서를 제출하는 것을 포함하여 다양한 규정 및 보고 요구사항을 준수해야 한다.

자본 조달 외에도 IPO는 가시성 증가, 기존 주주를 위한 더 큰 유동성, 스톡옵션을 사용하여 직원을 유치하고 유지하는 능력을 포함하여 회사에 다른 이점을 제공할 수 있다.

IPO는 중소기업
퀀텀 점프의 시작점이다

상장은 기업에
새로운 기회를 제공한다

　기업이 지속성장을 달성하려면 경제적, 사회적, 환경적인
부분을 고려하여 장기적으로 새로운 가치를 창출하는 것이 필
요하다. 이러한 관점에서 IPO는 기업이 지속 성장할 수 있는
세 가지의 방법을 큰 틀에서 제공한다.

　첫째, 기업은 IPO(Initial Public Offering)를 통해 신주를 발행하고 대중
에게 판매함으로써 자본을 조달하여 새로운 비즈니스 영역으
로 사업 확장 또는 부채 상환 등을 통해 성장을 추구할 수 있
다.

　둘째, 시장에 기업 노출이 증가하여 기업 브랜드를 구축하

- 상장 신청
- 등재 승인
- 거래 시작
- 상장 후 컨설팅
- 마케팅 활동

상장 & 거래

1~2개월

- 마케팅/투자자 관계
- 매스 마케팅
- 1대1 마케팅
- 소규모 IR
- 대규모 IR
- 수요예측
- 신청
- 지불

구독 & 결제

- 증권등록서류 제출
- 마케팅 전략 고안
- 등록의 효력 발생(접수 후 15일)
- 평가(2차)
- 확고한 약정 인수 계약

증권등록 서류 제출

1~2개월

- 리스팅 적격성 검토 신청서 제출
- KRX 평가 및 후속 조치
- 출원심사 결과(출원일로부터 3개월 이내)
- 등록서류 제출 시기 결정
- 구독 예약

리스팅 적격성 검토 신청서 제출

3개월

- 실사
- 우리사주조합 설립
- 평가(1차)
- 등재 적격성 검토를 위한 신청서 준비
- 선적 서류 비치
- 이사회 결의

실사 & 내부 심사 프로세스

6개월 이상

- 리드 매니저 계약
- IPO 태스크 포스 회의 및 자문 서비스 시작
- 태스크 포스팀 구성

대표이사 선임

▶ 일반적인 IPO 프로세스

고 새로운 고객과 사업 상대를 유치할 수 있다.

셋째, 기업의 가치를 높여 사업에 필요한 새로운 인재를 훨씬 더 유리한 조건으로 유치할 수 있다.

이 세 가지는 중소기업이 성장하는 데 필수적인 조건이며 IPO를 통해서 기업이 얻을 수 있는 가장 큰 혜택이 될 수 있다. 이러한 장점을 활용하기 위해 기업은 사전에 충분한 준비를 통해 IPO 시장에 참가할 수 있다.

명확한 로드맵을 가지고 진행해야 한다

IPO(Initial Public Offering)는 신중한 계획과 세부 사항에 대한 주의가 필요한, 복잡하고 시간이 오래 걸리는 작업이다. 그래서 명확한 로드맵을 가지고 진행하는 것이 필요하다. 기업 공개 시에는 증권거래위원회에 등록된 기업이나 개인에 대한 정보 공개 의무와 지속적인 보고 요구 및 다양한 규제 요구사항을 준수해야 한다. 기업이 IPO에 대한 명확한 로드맵이 있으면 모든 규제 요구사항을 충족하고 공개 기업이 되는 데 수반되는 지속적인 보고 의무에 대비할 수 있다. 또한 회사가 직원, 고객, 공급업체나 투자자를 포함한 주요 이해관계자와 효과적으로 소통을 진행할 수 있도록 한다.

이는 IPO^(Initial Public Offering)에 대한 지원을 강화하고 이해관계자가 가질 수 있는 우려 사항이나 질문을 해결하는 데 도움이 된다. 그리고 달성해야 할 주요 작업과 이정표를 식별하고 그에 따라 자원을 할당함으로써 기업이 자원을 효율적으로 사용할 수 있다. 이를 통해 지연시간을 최소화하고 IPO를 계획한 시간에 완료하게 된다. 또 기업의 재무성과, 비즈니스 모델과 시장 조건에 대한 자세한 이해를 제공하여 성공적인 가격 책정을 지원하는 데 도움이 된다.

아울러 이 정보는 오퍼링에 대한 최적의 가격을 결정하고 인수자와의 효과적인 협상을 지원하는 데 사용될 수 있다. 이처럼 전반적으로 IPO에 대한 명확한 로드맵은 IPO가 성공적으로 완료되도록 하는 데 필수적이다.

기업 내에 특수관계자
역할을 명확히 한다

성공을 위해서는

IPO^(Initial Public Offering)의 목적이 분명해야 한다

    IPO를 하면 다 좋은 것만 있는 게 아니다. 중소기업은 오너가 직접 경영을 하면 본인의 의사에 따라 모든 일을 진행할 수 있다. 하지만 IPO를 하게 되면 본인이 의사결정을 하되 주주들과 시장으로부터 경영에 대한 여러 가지 간섭을 받는다. 이에 따라 기존의 경영방식에서 감춰져 있었던 여러 가지 문제들이 수면 위로 다 올라오게 된다. 그래서 오너는 IPO의 목적을 달성하기 위해 본인이 많은 권한을 내려놔야 한다.

    이처럼 IPO 진행 중에 생기는 어려움을 극복하기 위해서는 처음부터 확실한 목적과 의지를 갖고 있어야만 한다.

IPO의 목적을 명확히 하는 것은 경영에 많은 의미가 있다. 또 IPO를 통해 투자금이 들어오면 경영자의 역할과 책임도 비례해서 커진다. 따라서 경영자는 IPO로 얻어진 투자금을 가지고 무엇을 할 것인가에 대해 명확한 계획을 세우고 있어야 한다.

경영자가 IPO를 통해 확보한 자금은 성장을 위한 투자, 부채상환, 기업 인수, 연구 및 개발, 인프라 개선에 활용될 수 있다. 그 중에서 IPO 자금의 가장 일반적인 용도는 회사의 성장에 투자하는 것이다. 이는 운영 확장, 새로운 제품 또는 서비스 출시 또는 신규 고객에게 도달하기 위한 마케팅 노력의 향상을 의미한다. 이러한 투자를 통해 기업은 장기적인 성장과 수익을 높일 수 있다.

경영자는 이러한 IPO를 통해 확보한 자금의 용도를 결정할 때 회사의 목표와 우선순위는 물론 투자자의 요구도 고려해야한다. 이것이 명확하지 못하면 IPO를 성공적으로 진행해도 내부적으로는 결과에 대한 회의적인 반응이 나올 수 있다. 그래서 직원들에게도 왜 IPO를 진행하는지에 대한 메시지를 분명하게 제시하고, 이를 통해서 지금보다 훨씬 더 좋은 직장으로 바뀔 수 있다는 확실한 비전을 제시해야 한다. 그래야 회사 전

체가 하나로 뭉쳐서 조직 내부에 IPO를 진행하는 동력을 만들
수 있다.

한 사람의 예외가
모두를 힘들게 한다

회사의 지분 구조는 소유권
이 주주들 사이에 분배되는 방식을 의미한다. 여기에는 발행
주식 수, 발행 주식 유형 및 각 주주의 소유 비율이 포함될 수
있다. 반면에 '특수 관계'는 두 당사자 간의 거래가 협상을 기
반으로 하지 않는 경우를 의미한다. 여기에는 가족 구성원, 사
업 동반자 또는 관련 회사 간의 관계가 포함될 수 있다.

회사는 모든 주주에게 투명성과 공정성을 보장하기 위해
재무제표에 특별한 관계나 특수 관계 거래를 공개하는 것이
중요하다. 특수 관계로 인한 잠재적인 이해 상충의 우려가 있
는 경우 회사는 사외이사를 이사회에 선임하거나 명확한 내부
거래 정책을 수립하는 등 이러한 위험을 완화하려는 조처를

할 수 있다.

　회사의 특수관계자들은 자신의 기득권이 줄어들어도 IPO
를 통해서 더 큰 것을 선택하게 된다. 이러한 선택은 중요한
것을 얻기 위해서 덜 중요한 것을 포기하는 것과 같다. 여기서
중요한 것은 자본 유입의 확대나 사업 기회가 만들어지는 것
이고, 덜 중요한 것은 이들이 가지고 있는 기득권을 내려놔야
한다는 점이다. 그것은 기업의 경영이 투명하게 된다는 의미
이기도 하다.

　기업을 하는 사람들에게 중요한 것은 기업을 키우는 일이
다. IPO를 통해 확보한 투자금을 생산 설비에 투자하거나,
M&A를 통해서 더 큰 시장으로 비즈니스를 확대하여 기업을
지속해서 성장시킬 수 있다.

　한편 기업의 성장을 위한 투자 유치와는 좀 다른 개념으로
진행된 IPO도 있다. IPO 시장에서 많은 관심을 받았던 특정
기업의 사례인데, 이 회사는 성장을 위해 여러 경로로 투자를
많이 받았다. 그래서 투자자들을 'Exit' 해주는 방법 중 하나로
IPO를 선택하게 되었다. 이 회사는 IPO가 아니면 기존 투자

자들이 투자한 자금을 통해 수익을 볼 수 있는 'Exit' 방안이 없으므로, 이 문제를 해결하는 방법의 하나로 IPO를 고려한 것이다. 이런 경우는 애초부터 시작이 IPO의 목적하고는 다르게 진행된 사례이지만, 특이한 경우의 하나로 언급해본다.

사실 기업의 경우 오너가 지분을 아주 적게 가지고 있는 것이 오히려 IPO에 유리할 수 있다. 만약에 오너가 회사 지분을 100% 가지고 있다면 IPO를 통해서 자기 지분을 팔아야 한다. 이렇게 되면 회사의 지분을 여러 사람이 가지고 있는 구조가 되어 시장에서 지분의 거래가 원활하게 이루어지며 매매가 유리해진다. 왜냐하면 투자사가 지분을 많이 가지고 있다는 것은 시장에 신뢰를 줄 수 있기 때문이다. 시장에서는 특정 기업의 가치가 높아서 불특정 다수인이 투자했다고 생각할 가능성이 높으며, 이는 기업의 신뢰도 상승으로 이어진다.

반면 IPO에서의 개념으로 보면 기업의 지분을 오너가 전부 가지고 있는 기업을 사람들은 투자 가치가 높은 기업으로 보지 않는다. 저자가 IPO를 진행했던 기업도 투자사의 투자를 받아서 운영하고 있었기 때문에 IPO를 진행하기가 더 수월했다. 시장에서는 투자사들이 투자한 기업은 가치가 높고 경영이 투명하다고 생각하기 때문이다. 따라서 IPO를 할 때는 회사의 지분을 나누어 가진 것이 시장에서 더 좋은 평가를 받을 수 있다.

회계기준을
국제기준(IFRS)으로 변경한다

회사의 회계기준을
명확히 한다

기업 측면에서는 IPO를 경영에 필요한 여러 가지 방법의 하나로 생각하는 게 필요하다. 왜냐하면 IPO를 통해서만 기업의 성장이 가능한 것은 아니기 때문이다. 그래서 IPO를 선택할 때는 그 목적이 명확해야 한다. IPO를 하게 되면 좋은 것은 한 가지가 될 수 있지만, 그로 인해서 불편해지는 것들이 열 가지도 넘을 수 있기 때문이다. IPO를 통해서 투자를 받는 긍정적인 부분도 있지만, 그 반대로 많은 불이익을 받을 수도 있는 경우도 감안해야 한다.

따라서 IPO를 맹목적으로 추구하지 말고 여러 가지 선택지 중에 하나로 고려하는 관점이 필요하다. 대신에 IPO의 목적이 분명하면 거기에서 얻어지는 가치가 훨씬 더 높아질 수 있다.

제2의 창업이나 직원들의 절대적인 지지가 필요한 이유는, 기업은 결국 사람이 가장 중요한 자원인데 IPO를 통해서 직원들의 마음을 더 큰 방향으로 가져갈 수 있기 때문이다. 중소기업에서 국제회계기준^(IFRS: International Financial Reporting Standards)을 준거로 회계기준을 바꾸거나 기업의 수불을 정리하는 것은 굉장히 어려운 작업이다. 그래서 직원들이 성공적인 IPO를 위해 적극적으로 일을 진행해야 한다.

기업이 새로운 일을 하기 위해서는 직원들의 참여가 절대적으로 필요하다. 이렇게 중요한 사람의 마음에 하나로 모아 기업의 IPO를 진행한다면 기업이 성장하면서 직원들이 내부의 일에 대한 열정을 더 키워갈 수 있다. 그리고 IPO를 통해서 상장회사가 되면 직원들의 신분도 상승한다. 그래서 직원들은 IPO를 추진하는 과정에서 일이 힘들다는 것 외에는 회사가 IPO를 진행하는 것에 대해 긍정적인 생각을 하게 된다.

하지만 IPO를 준비하는 중소기업은 국제회계기준을 충족하는 데 있어 몇 가지 문제에 직면한다. 예컨대, 제한된 자원,

전문성 부족, 회계기준의 차이 등이 그 문제들이다. 이에 따라 규제 요구 사항을 준수하기 위해 추가적인 내부 통제 및 보고 절차를 구현해야 한다.

전반적으로 중소기업은 IPO에 대한 국제회계기준을 충족하는 데 있어 몇 가지 어려운 문제에 직면하게 마련이다. 그러나 적절한 지원과 자원을 활용하면 복잡한 문제를 극복하고 IPO 프로세스를 성공적으로 진행할 수 있다.

국제회계(IFRS) 기준을 검토한다

IASB(International Accounting Standards Board)는 전 세계에서 사용하는 회계 표준 집합인 국제회계기준, 즉 IFRS(International Financial Reporting Standards)를 개발하고 유지, 관리한다. 이 중에서 IPO를 진행하는 기업들이 관리하는 IFRS 표준은 IFRS 3 사업 결합, IFRS 4 보험 계약, IFRS 7 금융 상품공시, IFRS 9 금융 상품(금융 자산 및 부채의 분류 및 측정에 적용됨), IFRS 13 공정 가치 측정, IFRS 15 고객과의 계약 수익(수익의 인식 및 측정) 등을 관리한다.

국제회계기준은 한국거래소^(KRX)의 규정을 준수함으로써 신뢰성, 비교 가능성, 투명성 및 투자자 경험을 개선할 수 있는 명확하고 일관된 재무 보고 프레임워크를 제공하기 때문에 필요하다.

중소기업은 국제회계기준에 맞춰 준비하는데 제한된 자원과 전문성 부족, 기존 회계 기준과의 차이, 복잡한 재무 보고 요구 사항, 규제조사 강화 등 여러 가지 어려움을 겪을 수 있다. 그러나 적절한 지원과 자원이 있다면 준비 단계의 어려움을 극복하고 IPO 프로세스를 성공적으로 진행할 수 있다.

국제회계기준을 따르는 것은 재무 보고의 일관성, 비교 가능성 및 투명성을 촉진하고 기업이 국제 시장에서 투자를 유치하여 경쟁력을 향상하는 데 도움이 되기 때문이다. 국제회계기준은 기업이 재무제표를 작성하고 표시할 수 있는 공통 구조를 제공하는 세계적으로 인정받는 회계 표준이다. 이는 다양한 국가 및 산업에 걸쳐 재무 보고의 비교 가능성과 일관성을 촉진하도록 설계되었기 때문이다.

IPO를 진행하는 기업이 국제회계기준의 표준을 준수함으로써 기업은 투자자 및 기타 이해관계자에게 재무 성과, 재무

상태 및 현금 흐름에 대한 정확하고 투명한 정보를 제공할 수 있다. 이를 통해 투자자는 정보에 입각한 투자 결정을 내리는 데 도움이 되며, 회사 간 재무 성과와 위치를 더 잘 비교할 수 있다. 또한 IFRS 표준을 준수하면 국내 기업이 국제 시장에서 경쟁력을 높이고 더 넓은 범위의 투자자로부터 투자를 유치하는 데 도움이 될 수 있다. 고품질 재무 보고 및 공개에 대한 약속을 입증함으로써 기업은 투자자, 채권자 및 기타 이해관계자 사이에서 평판과 신뢰를 높일 수 있는 것이다.

기업의 전반적인 수불을 정리한다

원재료의
입고에서부터 관리한다

원재료를 입고에서부터 관리하는 것은 기업의 안정성과 성장 가능성을 입증하고 고객, 공급업체 및 다른 사람들에게 강력한 평판을 구축하는 데 중요한 요소가 될 수 있다. 생산의 수불을 맞추는 것은 증권거래소에 회사를 상장하기 위한 요구 사항이 아니다.

그러나 IPO를 하려는 기업은 안정적이고 일관된 재무 성과와 건전한 비즈니스 모델 및 미래 성장 가능성에 대한 실적을 입증해야 한다. 이러한 요구 사항을 충족하기 위해 제조 프로세스, 공급망 관리 및 유통 네트워크를 포함하여 생산과 운영의 균형을 유지해야 한다. 이를 통해 회사는 고객 수요를 맞추고 재무 성과에 부정적인 영향을 미칠 수 있는 생산 중단이나 공급망 중단을 방지할 수 있다.

균형 잡힌 생산은 기업이 안정적이고 일관된 수준의 산출물을 유지하는 데 필요하며, 이는 고객, 공급업체 및 기타 이해관계자와 긍정적인 평판을 유지하는 데 중요한 요소가 된다. 또한 투자를 유치하고 강력한 브랜드 이미지를 구축하는 데 중요하므로 두 가지 모두 증권 거래소 상장을 준비하는 회사로서는 중요한 고려 사항이다.

ERP 시스템은
확장성을 우선시한다

ERP$^{(Enterprise\ Resource\ Planning)}$ 시스템의 확장성은 회사의 운영 및 재무 보고 프로세스가 회사의 성장과 변화하는 비즈니스 요구에 보조를 맞출 수 있도록 하므로 IPO 진행 과정에서 중요하게 다뤄진다.

IPO는 회사의 중요한 이정표를 나타내며 규제 기관, 투자자 및 기타 이해관계자의 조사가 증가하는 경우가 많다. 회사가 성장하고 확장함에 따라 운영 및 재무 보고 요구 사항도 변경되므로 이러한 변화를 수용할 수 있는 ERP 시스템을 갖추는 것이 중요하다.

확장 가능한 ERP 시스템은 회사가 재무 및 운영 데이터를 보다 효율적으로 관리하고, 오류 및 잘못된 관리의 위험을 줄이며, 회사의 재무 성과 및 위치에 대한 정확하고 시기적절한 정보를 이해관계자에게 제공할 수 있게 한다. 이것은 투자자의 신뢰를 구축하고 회사의 장기적인 성장과 성공을 지원하는 데 도움이 되기 때문이다.

IPO를 준비할 때 ERP 시스템의 확장성을 우선시하는 것도 바로 이처럼 회사의 운영 및 재무 보고 프로세스가 성장 및 변화하는 비즈니스 요구 사항에 보조를 맞출 수 있도록 하고, 이해관계자에게 정확하고 시기적절한 정보를 제공하는 데 도움을 주고자 함이다.

상장을 추진하는
주관사를 선정한다

　　　　　　　　IPO를 위한 주관사를 선정
할 때는 평판과 실적, 산업 경험, 네트워크 및 연결, 서비스 품
질, 비용을 고려해야 한다. 우리 회사에 적합한 주관사를 선정
하는 것은 기업공개(IPO)를 준비하는 데에 매우 중요한 결정이
다. 회사는 최종 결정을 내리기 전에 다양한 기준을 고려하고
여러 주관사의 강점과 약점을 신중하게 평가해야 한다.

　　예컨대, 국내에서 기업공개(IPO)를 진행하면서 주관사 선정
에 성공한 사례로 온라인 은행인 카카오뱅크는 삼성증권과 JP
모건을 2020년 IPO 공동 주관사로 선정하여 2조 5,500억 원
을 조달했다. 그리고 3년 만에 한국에서 가장 큰 IPO가 되었
다. 공동 주관사는 강력한 인수 및 판매 지원을 제공했으며,
국내 및 국제적으로 상당한 투자자의 관심을 불러일으키는 데

도움을 주었다.

또 다른 사례로, 제약회사인 에스케이바이오팜은 씨티그룹과 한국투자증권을 2020년 IPO 공동 주관사로 선정하여 9,590억 원을 조달했으며, 이를 통해 국내 최대 규모의 생명공학 IPO가 되었다. 주관사가 강력한 인수 및 마케팅 지원을 제공하여 상당한 투자자의 관심을 불러일으킴으로써 성공적인 IPO를 만든 예라고 할 수 있다.

IPO를 진행하기 위한
기본을 체크한다

중소기업이 시장에 기업공개, 즉 IPO를 진행하는 것은 시장에서 기업의 규모를 키우기 위한 중요한 방법의 하나다. 특히 주거래 은행을 중심으로 자금을 운용했던 기업들은 지금과 같이 기업에 대한 투자가 활성화되는 시점에서는 시장의 경쟁력을 강화하는 데에 많은 제한을 가질 수 있다. IPO를 준비하는 것에는 몇 가지 까다로운 부분이 있지만, 기업을 좀 더 체계적으로 경영하기 위해서 꼭 필요한 사항들이다. 따라서 기업 경영을 체계적으로 변화시키는 과정과 IPO를 진행하는 과정을 동시에 추진하면 좀 더 효율적인 성과를 만들 수 있다.

한편 중소기업이 IPO를 진행하기 위해 우선시해야 하는 것은 기업의 거버넌스를 명확하게 하는 것이다. 즉, 경영진이 기업 경영을 투명하게 하고 있다면 훨씬 수월하게 진행할 수 있지만, 많은 중소기업의 경영자들은 특수관계인들과의 관계로 인해 경영의 복잡성이 발생하곤 한다. 따라서 이 부분을 개선하는 게 필요하다.

그리고 재무제표를 국제기준^(IFRS)으로 변경하기 위해 회사의 수불을 정리하는 것이 중요한 작업의 하나이다. 이러한 과정은 대표 컨설턴트가 총괄 운영하는 것이 가능하지만, 시행착오를 최소화하기 위해서는 내부의 재무 전문가에게 전체를 준비할 수 있는 권한을 부여하고, 대표 컨설턴트가 전체 준비 사항을 점검하는 방식으로 진행할 필요가 있다.

직원들의 측면에서 보면 기존에 하던 일에 추가해서 IPO를 진행하는 일이 생기는 것이어서 이 부분에 대해서는 전사에 IPO를 진행하는 목적에 대해 충분한 공감대를 가지고 진행할 필요가 있다. 기업공개를 통해 IPO를 진행하는 데에는 짧아도 1년, 또는 그 이상의 시간이 필요하다. 그래서 중소기업에서는 전사적인 참여가 없으면 일정에 맞춰 성공적인 IPO를 진행하기 어렵다.

하지만 성공적인 IPO를 진행한 후에 기업과 직원들이 가지는 자신감은 진행 준비에 필요한 노력보다 훨씬 큰 성과를 제공한다. 중요한 것은 모든 직원의 공감대가 형성되었을 때 훨씬 쉽게 IPO를 성공시킬 수 있다는 점이다.

되도록 많은 주관사에 노크해야 한다

상장을 추진하는 주관사들은 대기업을 상대로는 서로 진행하려고 달려들지만, 중소기업에는 관심을 주지 않는다. 저자가 IPO 주관사를 선정할 때도 굉장히 고민을 많이 했는데, 이런 부분들은 중소기업들이 IPO를 추진하지 못하는 또 하나의 가장 결정적인 이유가 된다.

그래서 중소기업은 IPO를 하기 전에 PreIPO의 방식을 통해 투자사들을 대상으로 PR^(Public relations)을 진행하여 투자를 유치하는 것이 필요하다. 이 방법은 현재의 기업 가치를 평가해서 투자사에 지분을 공유하고 IPO를 성공한 뒤에 투자사가 좋은 조건으로 Exit 할 수 있는 방법을 제시하는 방식이다. 이런 방식으로 투자를 받게 되면 투자를 받았다는 사실 자체만으로도 시장에서 기업의 신뢰도가 높아진다. 또 투자를 진행한 투자사들은 투자한 기업이 IPO를 적극적으로 지원하기 때문에 주관사를 추천하기도 하고, IPO 관련 준비에 차질이 없도록 지원하는 역할을 한다.

저자는 기업에서 IPO를 진행하기 전에 투자를 유치할 때 IPO를 통해 Exit^(투자 후 출구전략)를 하는 조건으로 진행해서 훨씬 더 유리한 IPO를 추진했던 경험이 있다.

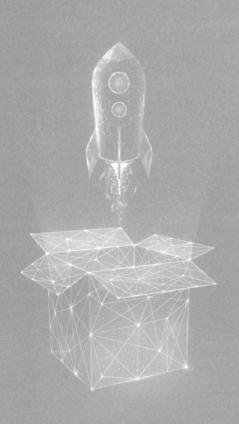

5

10배 컨설팅 챌린지4
: M&A가
퀀텀 점프를 주도한다

기업 성장을 위한
M&A를 추진하자

　　　　　　　　　기업이 추진하는 M&A의
목적은 시너지 효과, 성장, 다각화, 비용 절감 및 자원에 대한
접근성을 포함한 광범위한 전략적 목표를 달성하는 것이다.
그러나 M&A는 복잡하고 위험한 사업이 될 수 있으며, 의도한
이점을 달성하기 위해서는 신중한 계획과 실행이 필요하다.

　　M&A는 'Mergers and Acquisitions'의 약자로 기업의 인수
(acquisition)와 합병(merger)을 의미한다. 기업이 다른 기업의 지분이
나 자산을 취득하면서 경영권까지 획득하는 것을 인수라고 하
며, 두 개 이상의 기업들이 법률적 혹은 사실적으로 하나의 기
업으로 합쳐지는 것을 합병이라 한다.

　　기업을 인수할 때 지분을 매수하는 쪽은 인수자, 지분을 매

각하는 쪽은 피인수자라 하며, 기업 인수의 방법에는 자산인수, 주식인수와 같은 방법이 있다. 기업의 합병은 인수기업이 목표 기업을 완전히 결합하여 단일 기업이 되는 것을 뜻하며, 기업 합병의 방법에 따라 흡수합병, 신설합병, 역합병 등으로 나뉜다.

각각의 내용을 보면 흡수합병에서는 한 회사(인수 회사)가 다른 회사(대상 회사)를 흡수한다. 인수하는 회사는 대상 회사의 모든 자산과 부채를 인수하고, 주주는 현금이나 주식 형태로 보상을 받는다.

신설합병에서는 두 개 이상의 회사가 함께 모여 자산과 부채를 인수하기 위해 새로운 통합 법인을 만든다. 이때 원래 회사의 주주는 일반적으로 새 회사의 주식을 보상으로 받는다.

한편 역합병에서는 비상장 기업이 공개 기업을 인수하여 새로운 통합 기업의 공식 얼굴이 된다. 이는 민간 기업이 전통적인 IPO 과정을 거치지 않고 상장하는 방법이 될 수 있다. 이러한 유형의 합병에서 비공개 기업의 주주는 일반적으로 새로

운 통합 법인의 지배 지분을 받고, 공개 기업의 주주는 현금이
나 주식 형태로 보상을 받는다.

　전반적으로 회사가 선택하는 합병 유형은 전략적 목표, 관
련된 회사의 특성, 세금 영향 및 규제 요구 사항과 같은 기타
요인에 따라 달라진다. 각 유형의 합병에는 고유한 장단점이
있으며, 의도한 이점을 달성하려면 신중한 계획과 실행이 필
요합니다.

　M&A를 진행하는 단계를 과정에 따라 분류하면 전략 및 계
획 수립에서 사후 통합까지의 총 6가지로 나누어진다. 각각의
단계는 순차적으로 이루어지기도 하지만 동시적으로 진행되
기도 한다. 다음의 내용은 일상적인 방식을 도식화한 자료이
다.

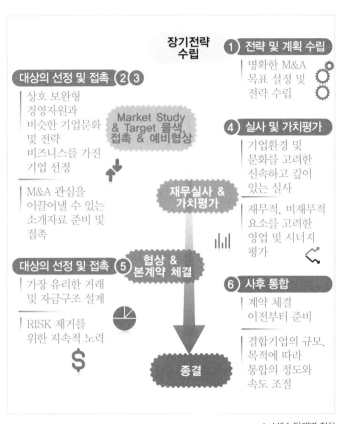

장기전략 수립

① 전략 및 계획 수립
- 명확한 M&A 목표 설정 및 전략 수립

대상의 선정 및 접촉 ② ③
- 상호 보완형 경영자원과 비슷한 기업문화 및 전략 비즈니스를 가진 기업 선정
- M&A 관심을 이끌어낼 수 있는 소개자료 준비 및 접촉

Market Study & Target 물색 접촉 & 예비협상

④ 실사 및 가치평가
- 기업환경 및 문화를 고려한 신속하고 깊이 있는 실사
- 재무적, 비재무적 요소를 고려한 영업 및 시너지 평가

재무실사 & 가치평가

대상의 선정 및 접촉 ⑤
- 가장 유리한 거래 및 자금구조 설계
- RISK 제거를 위한 지속적 노력

협상 & 본계약 체결

⑥ 사후 통합
- 계약 체결 이전부터 준비
- 결합기업의 규모, 목적에 따라 통합의 정도와 속도 조절

종결

▶ M&A 단계별 절차

왜 M&A를
해야 하는가?

세상은 빠르게 변화하기 때문에 기존에 기업 경영을 잘했던 경험만으로 변화하는 속도에 따라가기 어렵다. 그래서 기업이 지속적으로 급변하는 생태계 속에서 함께 변화에 발맞추며 꾸준히 성장해 가기 위해서는 M&A가 필요하다.

M&A 시장에서 기업은 인수기업도 될 수 있고 또 피인수 기업이 될 수도 있다. 그리고 인수기업은 M&A에 투자해 시장 경쟁력을 강화할 수 있지만, 피인수 기업도 M&A를 한다고 해서 나쁜 것은 아니다. 오히려 피인수 기업은 M&A를 통해 다른 기업과 함께 더 좋은 기업으로 성장할 기회를 만들 수 있기 때문이다.

아울러 피인수 기업은 지금까지 해왔던 비즈니스 영역이 사라지는 것이 아니라 다른 기업의 비즈니스와 함께 발전할 기회를 얻게 될 수도 있다.

경영환경에서
M&A는 왜 중요한가?

M&A에서 인수 회사는 잠
재적 대상 식별, 실사 수행, 거래 조건 협상 및 대상 회사를 운
영에 통합할 책임이 있다. 인수자의 전략적 비전과 재정 자원
은 인수의 근거, 대상 회사의 가치 및 통합 프로세스 실행 능
력을 결정하므로 거래의 성공에 매우 중요하다. 또한 피인수
기업의 재무 및 운영 상태와 인수기업의 전략적 적합성은 기
업의 가치와 인수를 통해 발현될 수 있는 잠재적인 매력을 결
정하는 중요한 요소이다. 인수 대상의 관리팀과 직원은 통합
프로세스와 대상 기업의 고객 및 공급업체에 대한 연속성을
유지하는 데 중요한 역할을 하므로 거래에서 중요한 이해관계
자이기도 하다. M&A에서 인수자와 피인수자의 중요성은 아
무리 강조해도 지나치지 않다. 양 당사자는 거래가 성공적으
로 실행되고 결합한 법인이 장기적인 성공을 거둘 수 있도록
협력해야 한다.

만약 피인수 기업이 오랫동안 경영을 유지해 왔지만, 현재

에는 시장이 빠르게 변화하는 것에 적응할 수 없다면, 다른 기업과의 M&A를 오히려 기업의 경쟁력을 강화할 수 있는 좋은 방법으로 활용할 수 있다.

어떤 기업이 생존할 수 없으면 일하는 종업원들도 일터를 잃어버린다. 그래서 기업의 경쟁력이 부족한 경우에는 사회적 책임의 차원에서 M&A를 검토하는 것도 필요하다. M&A을 통해 시장에서 서로 도움이 될 수 있는 기업을 만날 수 있다면, 피인수 기업은 'M&A를 당했다'는 개념이 아니라 인수기업과 같이 합쳐서 '경쟁력을 키운다'라는 생각의 전환이 필요하다.

M&A는 기업이 빠르게 변하는 생태계에서 생존하는 하나의 방법이 될 수 있다. 피인수 기업의 경영자는 M&A를 통해 기업을 매각하여 새로운 자금을 확보해서 또 다른 비즈니스를 할 수 있는 기회로 삼을 수 있다. 또 M&A를 통해 피인수 기업의 지분을 가질 수 있다.

M&A 중에는 기업을 팔고 끝나는 예도 있지만, 기업을 매도한 경영자가 지금까지 해왔던 기업이 더 잘되게 하는 주주로서의 역할을 담당할 수도 있다.

한편 인수하는 기업 입장에서는 지분의 100%를 인수하는 방법도 필요하겠지만, 인수하는 기업의 전문성이나 핵심 역량을 가지고 있는 오너, 혹은 경영자들이 그 기업을 오랫동안 경영했던 상태를 발전시키기 위해 상황에 따라 지분 배분을 통해 경영자의 역할을 분담해 시너지를 도모해 갈 수 있다.

이처럼 M&A는 기업을 키우는 또 하나의 방법이 될 수 있다.

피인수 기업이
M&A에서 주의할 점

기본적으로 M&A를 진행하는 기업은 두 가지를 생각해야 한다. 하나는 '우리가 어떤 일을 하는가?'이고, 또 하나는 '우리가 왜 이 일을 하는가?'이다.

기업은 정의하기에 따라 달라질 수 있다. 기업의 업태가 곧 경영 방식으로 직결되지는 않는다. 기업이 생산한다고 해서 제조업이고 유통을 한다고 해서 유통업이 되는 것은 아니다. 기업은 유통하고 있으면서도 제조업처럼 경영할 수 있고, 제조를 하면서도 유통업처럼 경영할 수 있다. 예전에는 기업이 수행하는 본업이라는 것이 어떤 틀에 의해서 정해져 있었다면, 지금 시대에는 경영자가 기업의 본업을 어떻게 정의하는가에 따라 형태가 달라진다.

하지만 시장에서 해당 기업이 담당하는 업태에 대한 정확한 분석과 고려 없이 경영자의 독단으로 제조하는 기업을 유통업처럼 경영하거나, 유통하는 기업을 서비스업처럼 경영한다면 결코 좋은 성과를 얻을 수 없다.

따라서 본업을 정의하는 게 상당히 중요한데, 지금은 기업이 하는 일에 대한 '업의 정의'가 예전처럼 단순히 '어떤 일을 하는가?'에 의해서만 결정되는 것이 아니므로 시장의 변화에 따라 다양한 측면을 고려해 기업의 '업태'와 '목적'을 정의해야 할 것이다.

M&A에서
본업의 정의를 생각한다

M&A에 임하는 태도 중 '우리가 왜 M&A를 해야 하는가?'하는 생각에 따라서 결과는 상당히 달라진다. 즉, 기업을 운영하면서 고생을 많이 해도 성과

가 없으므로 빨리 매각하고 싶다면? 이런 경우에는 어떤 미련도 두지 않고 기업의 가치를 매우 높게 평가하는 회사에 M&A 하는 것이 당연한 순서다.

그런데 지금 하는 기업이 나의 역할로는 여기까지 왔지만, 이제는 내가 기업을 키울 수 없다고 판단했을 때, 좀 더 기업이 잘 되기를 바라고 함께했던 직원들이 더 성장하기를 기대하는 거라면 기업의 본업에 대한 정의를 반드시 고려해야 한다.

'우리가 왜 M&A를 왜 하는가?'에 대한 질문에는 옳고 그름의 문제가 개입되어 있지 않다. 단지 소유주가 이제는 경영하기 싫어 정리하고자 한다면, 가치를 높게 평가하는 기업과 진행하면 된다. 만약 그게 아니라 기업을 좀 더 내실 있게, 우량하게 만들고 싶다는 목적을 갖는다면 경영을 잘할 수 있는 기업과 같이 손을 잡는 것이 중요하다.

경영자가 M&A의
모든 과정을 리드한다

M&A의 전반적인
고려사항을 파악한다

M&A는 기업의 지분을 매수하는 인수기업과 M&A를 통해서 지분을 매각하는 피인수기업의 두 가지로 나누어 볼 수 있다. 기업이 M&A를 하는 중에는 '우리는 왜 M&A를 하는가?'에 대한 태도를 분명히 해야한다.

예를 들어, 우리가 이제는 현재 하는 일만 가지고는 이 사업을 키울 수 없다고 판단할 때이다. 이때는 새로운 기업을 합병해 내가 하는 일의 볼륨을 키움으로써 기업 간의 시너지를 내기 위한 경우라고 볼 수 있다.

다른 하나는 치열한 시장의 경쟁 구조에서 좀 더 많은 시장

점유율을 확보함으로써 시장 내에서 확실한 주도권을 가지고
자 하는 목적으로 M&A를 진행하는 경우가 있다.

그런데 두 가지 중 어떤 상황에서도 M&A를 하는 태도에서
반드시 고려해야 할 부분이 있다.

첫째는 '우리가 왜 M&A를 통해 기업을 인수해야 하는가?'
하는 분명한 목적이다. 그리고 현재 하는 모기업의 비즈니스
가 반드시 잘되고 있어야 한다. 만약에 현재 하는 모기업이 비
즈니스가 어려워 M&A를 통해서 비즈니스를 키우려 한다면
실패할 확률이 매우 높다. 따라서 현재하고 있는 모기업이 정
말 잘되고 있을 때라야 다른 기업을 M&A해서 키우는 것이 바
람직하다. 반대로 경영의 어려움을 극복하기 위해 다른 기업
을 인수한다면 새로 인수하는 기업에만 집중해서 경영을 정상
화하는 것이 더욱 어려워지기 때문에 경영난은 두 배가 된다.
그래서 현재 맡은 기업을 잘 경영하고 있을 때가 M&A의 가장
좋은 타이밍이 된다.

둘째는, M&A를 하게 되면 무조건 시너지가 난다고 생각하
는 것이다. 이 생각은 비논리적이다. M&A를 통해서 인수한

기업을 바로 모기업과 연결해서 경영하는 것은 매우 큰 경영 리스크를 수반한다. 즉 서로 다른 상황에서 경영하던 기업을 업태나 업종이 같다고 해서 인수한 후 통합경영을 통해 시너지를 내는 것은 매우 어렵기 때문이다.

M&A 초기에는 인수기업과 피인수 기업의 경영을 분리해 운영하면서 시간을 가지고 두 개의 회사를 합치는 것이 필요하다. 물론 모든 경우가 다 그렇다고 생각하지는 않지만, 실제 경영에서는 어느 정도 수준까지 두 개 기업의 구조를 비슷한 수준으로 만든 이후에 인수기업과 합치는 것이 훨씬 안정적이다.

많은 기업이 M&A를 통해서 성장률을 높이고 많은 수익을 창출하기를 기대하지만, 실제 시장에서는 그렇지 못한 경우가 많다. 그 이유는 M&A를 하는 데 있어서 가장 중요한 것은 사람이기 때문이다. M&A는 자본을 통해서 무엇이든지 할 수 있지만, 그 피인수 기업의 사람은 자본으로 구할 수 없다. 따라서 기업에서 M&A를 추진하면 '누가 일을 할 것인가?'를 생각해야 하고, 그 사람이 존재할 때 M&A를 해야 한다.

M&A에서 실패하는 대부분의 이유는 이렇다. 인수하는 기

업에서 피인수 기업의 일을 담당할 사람을 뽑는데, 인수하는 기업의 관련 부서에서는 우수한 직원들을 내놓지 않고, 애초부터 자기 일에서 성과를 내지 못하는 직원들을 내놓는다. 이렇게 선발된 직원들이 인수한 기업에 가서 업무 성과를 내기란 쉽지 않다.

따라서 M&A를 안정적으로 성공시키기 위해서는 인수한 기업에서 가장 최고 멤버들이 직무별로 참여하도록 해야 한다. 그래야 성공 확률이 높고 피인수 기업과의 시너지도 빠르게 낼 수 있다. 따라서 성공적인 M&A에서 가장 중요한 것은 사람이다. 사람이 준비되지 않은 회사는 절대로 M&A를 통해 높은 성과를 낼 수 없다.

M&A의 실무적인
내용을 점검한다

M&A의 핵심 역량이 있다면, 첫 번째는 사람, 그리고 두 번째가 자본이다. 그래서 M&A를 성공하기 위해서는 인수한 기업의 문화를 존중하는 자세가

필요하다. 인수한 기업으로서는 인수된 기업의 모든 일에 인수한 기업의 사람들이 동시에 들어가 일할 수 없으므로 인수된 기업에 있던 기존의 인력들을 활용할 수밖에 없다.

따라서 그들과 함께하기 위해서는 인수된 기업의 문화를 인수기업이 인정하고, 그것을 포용할 수 있는 자세가 되어있어야 한다. 인수하는 기업은 그러한 자세를 가지는 것이 중요하다.

다음으로, 인수된 기업을 존중하면서 '어떻게 우리 문화화할 것인가?' 하는 문제는 시간을 가지고 추진할 것을 권장한다. 급격하게 인수된 기업이 조직 문화를 흡수하려고 하면 기존에 있던 사람들이 이탈하거나 반발하면서 그들의 협력을 얻기가 어렵다. 따라서 인수된 기업에 있는 사람들의 마음을 존중할 수 있는 기반을 만들어 그들과 하나가 되는 것이 필요하다. 그리고 '인수한 기업'이 아니고 '이 회사'를 함께 살리자는 방향성을 같이 공유하게 된다면 조직이 하나 되는 방향성을 얻을 수도 있고, 좀 더 빠르게 변화할 수 있게 된다. 우리는 기업을 인수하면 당연히 빠르게 우리와 동질성을 지니도록 만들어야 한다고 하지만, 사실은 중요한 요소를 빠뜨리는 부분이 되기 때문에 피인수 기업의 문화를 인정하면서 흡수하는 자세가 중요하다.

인수한 기업에서
높은 성과를 내는 방법

　　　　　　　　　　성공적인 M&A를 위해서는
사람에 투자하는 것이 중요하다. 예를 들어, 인수한 회사와 인
수당한 회사의 사람들이 한자리에 모여서 회의는 하지만 쉬는
시간에는 각자 따로 모여서 이야기를 나누는 모습을 보인다고
가정해 보자. 심지어는 밥을 먹으러 갈 때도 같이 안 가는 모
습을 보게 된다. 이런 조직을 성공적으로 변화시키는 첫 번째
과업은 이 사람들을 함께 밥 먹으면서 얘기할 수 있게 만드는
것이다. 따라서 그러한 목적을 가지고 서로 상대의 장단점을
파악하면서 함께할 수 있는 요소들을 하나씩 찾아야 한다.

　조직에서 서로의 부족함을 채워주면서 만드는 것이 시너지
다. 완벽한 사람이 있다면 그런 사람들은 조직 생활을 할 것이
아니라 혼자 사업을 하는 것이 좋다. 따라서 조직의 신념이라

는 것은 서로의 부족함을 알고 서로를 채울 수 있게 하는 것이다.

그러기 위해서는 조직을 하나의 밸류체인으로 엮는 것이 중요하다. 밸류체인의 관점에서 보면 많은 조직은 직무로 나뉘어 있다. 하지만 이러한 직무를 독립적으로 운영해서는 절대 성과를 낼 수 없다. 따라서 구매에서 판매에 이르기까지 각각의 직무를 하나의 밸류체인으로 엮고, 그 밸류체인을 모든 조직원이 함께 공유하게 하는 것이 필요하다. 그리고 밸류체인에서 자신이 맡은 직무가 어떤 밸류를 가지고 있는가를 직원들이 스스로 느끼게 만들어야 한다.

M&A에서 성공하는 경영자들은 그것을 만드는 데 많은 시간을 투자했고, 그를 통해서 서서히 하나의 조직으로 만들었다.

우리가 집에서 비빔밥을 해 먹는 경우를 예로 들어보자. 식구들이 똑같은 재료를 가지고 똑같이 비벼도 각자의 맛이 다르다. 똑같은 재료로 만들었는데 똑같은 맛이 하나도 안 나오는 것은 결국은 안에 재료는 같지만, 이것을 어떻게 섞느냐에 따라서 성과물은 다르게 나오기 때문이다.

경영자에 따라서 그동안 일을 해왔던 경험과 조직을 바라

보는 관점이 다르기에 차이가 있을 수밖에 없다. 따라서 M&A를 한 조직일수록 함께하는 비빔밥 문화라는 콘셉트를 생각해야 한다. 각자가 하나의 비빔밥 요소가 됐을 때, 어떻게 하면 가장 최상의 맛을 낼 수 있겠는가? 그렇게 최상의 맛을 내기 위해서 각자의 직무별로 어떠한 맛을 골고루 섞을 것인가?

따라서 이 조화로운 구성체를 잘 만들어 갈 수 있는 경영자의 역할이 정말 중요하다. 단기간에 M&A를 성공적으로 만드는 데에 경영자의 역할이 절대적이며, 그 역할은 첫째도, 둘째도 사람임을 강조하고 싶다.

그리고 난 뒤에 추가로 필요한 게 있다면 그것은 자본이다. 하지만 요즘에는 자본을 빌리는 방법들이 많아졌다. 그래서 M&A에서 자본을 조달하는 것의 중요성은 점점 약해지고 있다. 반면 M&A의 성공에서 사람의 중요성은 더욱 커지고 있다.

모기업의 성공스토리가
필요하다

인수기업의 기본사업이 탄탄하게 운영될 때가 M&A의 적기이다. 사례로 2021년 한국 인터넷 기업인 Naver는 캐나다 온라인 스토리텔링 플랫폼인 왓패드(Wattpad)를 6억 달러에 인수했다. 이를 통해 Naver는 콘텐츠 제공을 확장하고 Wattpad의 사용자 기반과 기술에 액세스할 수 있었다. 또 2018년 SK Telecom은 한국의 케이블 TV 및 광대역 제공업체인 CJ HelloVision을 18억 달러에 인수했다. 이를 통해 SK텔레콤은 광대역 및 유선 기능뿐만 아니라 미디어 및 콘텐츠 제공을 확장할 수 있었다.

성공적인 사례는 새로운 산업 또는 시장으로의 확장, 기술 및 전문 지식에 대한 액세스 확보, 제품 또는 서비스 제공 확대를 포함하여 M&A의 잠재적 이점을 보여준다. 그러나 성공한 M&A의 공통점은 인수기업의 비즈니스가 탄탄하게 진행되고 있었던 시기에 성사되었고, 그를 통해 시너지를 만들었다는 점이다.

M&A의 형태는
어떤 것이 바람직한가?

M&A를 할 때 피인수 기업의 가치도 중요하지만, 우리가 왜 M&A를 해야 하느냐의 목적에 따라서도 M&A를 하는 기업의 요구가 달라진다. M&A를 하는 기업의 목적이 분명하다면 피인수 기업의 가치를 더 높게 볼 수 있다. 그렇지 않으면 가치를 낮게 본다. 인수하는 기업이 단순히 ROI 관점에서 본다면 가격을 낮춰서 사는 것이 맞지만, 더 중요한 것은 우리가 M&A를 왜 하느냐 하는 목적의식이다. 그것이 명확해지면 다소 높은 가격이라도 살 수 있다. 그것이 분명하지 않으면 인수해서는 안 된다. 이것이 M&A에서 인수하는 기업의 입장이다.

기업이 M&A를 하는 것에 대한 목적이 분명해야 피인수 기업이든 인수기업이든 서로의 가치를 측정하는 데 있어 불편함이 없다. 최상의 파트너는 그러한 목적값이 분명한 회사들끼리 만나는 것이 서로의 가치를 높게 책정하는 이상적 조합이된다.

M&A는 어떤 시점에
추진하는 것이 중요한가?

우리가 M&A를 할 때는 타이밍이 중요하다. 피인수 기업으로서는 속해 있는 업황이 좋을 때 매각하는 것이 그들의 가치를 가장 많이 확보할 수 있고, 인수기업으로서는 업황이 좋을 때보다는 나쁠 때 가격 면에서 싸게 살 수 있다. 하지만 반대의 경우로 업황이 좋을 때는 매도하려는 기업이 별로 없으며, 업황이 나쁠 때에는 매수하려는 기업이 별로 없는 모습을 보인다.

M&A를 할 때는 그것을 역으로 생각하는 것이 중요하다. 업황이 좋을 때 누구도 안 팔려고 하는 것을 사려고 하면, 훨씬 더 많은 자금을 지급해야 해서 그럴 때는 오히려 적절치 않다고 본다. 반대로 파는 입장에서는 업황이 좋아 팔기 싫을 때

파는 것이 가장 높은 가치를 받을 수 있다. 그래서 M&A는 인수기업과 피인수 기업이 어떤 타이밍을 선택하느냐에 따라서 좀 더 좋은 조건으로 진행할 수 있다.

M&A를 추진한다면
어떤 프로세스를 거쳐야 하는가?

첫째, M&A과정에서 매각하는 기업은 가치를 높여서 매각하는 것에 중점을 둘 필요가 있다. 따라서 가장 좋은 타이밍에 좋은 가격을 받을 수 있도록 하는 것이 중요하다. 그런 관점에서 본다면 기업 가치의 대부분은 핵심 역량에 집중되어 있다. 그래서 인수하는 중소기업의 핵심 역량인 오너를 빼고 인수하게 되면 매각되는 기업의 가치가 현저하게 떨어지게 된다.

결국 매각하는 기업이 좋은 가격을 받기 위해서는 우선적으로 핵심 역량이 오너에게 있는 상황을 어떻게 하면 구조적으로 분산시키고, 그 핵심 역량이 조직에 스며들게 만드는가 하는 것이 중요하다.

둘째, 재무제표에 충실해야 한다. 기업의 가치는 매출과 수익으로 평가한다. 따라서 단기적으로라도 재무제표를 멋지게 만들 수 있도록 매출과 수익에 충실하면 재무 관점에서 기업 가치를 높게 평가받을 수 있다.

셋째, 기업이 하는 일들을 시스템화해야 한다. 기업의 가치를 측정할 때 사람에 의해서 움직이는 모습보다 시스템에 의해서 움직이는 부분들이 더 높게 평가된다. 그래서 아무리 작은 일도 수작업에 의존하기보다는 시스템으로 구축해야 한다.

예컨대, "우리는 구매 시스템을 이렇게 한다" 또는 "우리는 S&OP를 통해서 생산과 판매의 연결 구조를 이렇게 가지고 있다. 우리는 이러한 판매를 하고 있고, 채권 관리를 이렇게 하고 있다. 그래서 우리의 채권에 대한 신뢰성은 매우 높다"라는 것을 보여주면 기업의 가치는 높아진다. 이처럼 기업을 매각한다는 것은 기업이 가지고 있는 핵심 역량과 시스템을 매각하는 일이라고 보면 된다.

넷째, M&A는 기업이 가지고 있는 시장의 점유율을 파는 것이다.

이렇게 네 가지가 피인수 기업의 가치가 된다.

인수기업에
성공 유전자를 접목한다

M&A에서 '성공 유전자 접목'은 인수한 회사의 성공적인 측면을 식별하고, 인수한 회사의 운영에 통합하는 과정을 의미한다. 여기에는 인수한 회사의 비즈니스 모델, 기술, 관리 관행, 또는 기타 성공적인 전략을 채택하는 것이 포함될 수 있다.

성공 유전자 접목의 목표는 피인수 기업의 강점을 활용해 결합 기업의 전반적인 성과를 높이는 데 있다. 인수된 회사의 성공적인 측면을 통합함으로써 인수한 회사는 잠재적으로 두 회사가 각자 따로 운영되었을 때 달성할 수 있는 것보다 더 큰 효율성, 수익성 및 경쟁 우위를 달성할 수 있다.

성공 유전자를 접목하는 것은 어려운 과정이 될 수 있다. 피인수 기업을 운영하기 위해서는 인수기업의 기존 구조에 대해 신중하게 분석하고 통합해야 하기 때문이다. 그러나 성공적으로 수행되면 시장에서 퀀텀 점프할 수 있는 더 나은 위치에 있는 강력하고 경쟁력 있는 기업으로 올라설 수 있다.

최근에 국내 M&A시장은
왜 활성화되고 있는가?

국내 M&A 시장은 앞으로 더욱 확대될 거라고 예상한다. 왜냐하면, 시장이 기업에 원하는 바가 점점 커지기 때문이다. 시장 내에서 소비자들의 요구가 강화되는 상황에서 중소기업이 시장 경쟁력을 높이기는 쉽지 않다. 그러한 시장의 요구를 수용하면서 기업이 성장하기란 앞으로 더욱 어려워질 것이다. 또 앞으로 기업이 시장 경쟁력을 가지기 위해서는 더 많은 투자를 동반해야 한다. 따라서 기업을 지속해 간다는 것은 성장에 제한 요소가 많아짐을 의미하기도 한다.

그러므로 기업의 경영자들은 분명한 방향을 가져야 한다. 경영자가 더 좋은 기업을 만들기 위해 핵심 역량을 중심으로 시장을 넓혀갈 수 있다면 가능하다. 지금은 기업에 필요한 자본을 조달하는 방법이 많기 때문이다. 그런 기업일수록 IPO가 필요하다. 시장을 통해서 자본을 조달하면 이자를 내지 않으면서 투자유치를 통한 공격적인 경영을 할 수 있다. 따라서 '우리 기업을 시장에서 지속해서 성장시킬 것인가? 아니면 이 기업을 더 잘 경영할 수 있는 기업과 Win-Win 전략에 바탕해 M&A를 통해서 상생할 것인가?'를 결정해야 한다.

M&A에서 피인수 기업은 명확한 방향성을 가지고 빠르게 인수·합병을 진행하면 더 좋은 시너지를 낼 수 있다. 하지만 방향성이 명확하지 않아 거래가 지연되거나 매각하려는 조건이 맞지 않으면 오히려 시간적인 여유를 가지고 다른 기업을 찾아보는 것도 좋은 방법이다. 그러면 인수하는 기업에서도 사업을 확대하기 위해 시간을 투여해서 하는 것보다는 자본을 투자하는 M&A를 통해서 시간을 버는 효과를 유지할 수 있다.

인수기업은 M&A를 통해 기존 사업과의 시너지도 고려하지만, 새로운 사업에 진출하고자 했을 때 시간을 단축해서 빠르게 시장에 진입할 수도 있다. 이 경우에 시장에서 비슷한 업을 오래 해왔던 우수한 기업의 M&A를 통해 빠르게 시장에 진입할 수 있다. 이렇게 서로의 이해를 충족시킬 수 있어 M&A 시장은 더욱 커질 것이다.

한편 M&A에서는 인수기업과 관련 없는 피인수 기업을 특수목적으로 인수하는 때도 있다. 그러한 특수목적의 경우에는 금융의 관점으로 본다면 우회상장을 위해 일단 상장된 중소기업을 인수한 다음, 그 기업을 통해서 인수기업을 상장하는 형태를 취하는 일과 흡사하다.

하지만 아주 특수한 경우가 있긴 하다. 예를 들면, 치킨을 만드는 프랜차이즈 회사가 보완재에 해당하는 수제 맥주 회사를 인수할 수도 있다. 그것은 본인들이 하는 그 업의 시너지를 위해 이종 기업을 M&A하는 경우로, 이러한 사례가 종종 있다. 특히 투자사 입장에서도 예전에는 특정한 기업을 단독으로 인수했지만, 이제는 특정한 기업을 인수해서 이 기업이 더 잘되게 하려고 종속시킬 수 있는 기업들을 추가로 인수해서 붙이는 경우들이 최근 시장의 추세이다.

M&A를 통해 기업의 구조를
넓히는 방향은 무엇인가?

업종에 따라서 수직 계열화가 가능한 업종이 있고, 또 그렇지 않은 업종이 있다. S기업의 경우는 닭고기를 중심으로 성장한 기업이지만 닭을 키워 공급하기 위해서는 사료가 필요하고, 사료를 가져오기 위해서는 물류가 필요하기에 물류회사를 중심으로 필요에 의한 종속 관계를 통해 수직 계열화를 추진해 왔다.

하지만 D사의 경우는 이와 달리 그렇게 수직계열화될 수 있는 업종이 아니기 때문에 아래보다는 옆으로, 즉 수평적으로 펼쳐졌다. 단지 그렇게 하더라도 M&A를 할 때 업종은 다르지만, 예를 들면, 기존에 추구해 왔던 인프라를 같이 활용한다든지 할 수 있다. 또 기존의 식품 업종에서 소비자가 같고 유통망을 함께하고 있어서 유통 구조가 맞는 어떤 회사를 인수하더라도 결국은 하나의 업종으로 묶일 수 있는 수평적인 결합을 같은 관점으로 볼 수 있다.

또 이와 반대로 포장재 같은 경우에는 업종을 넓히면서도 그것이 시장의 지배력을 더 확보할 기회가 되기도 한다. 따라서 M&A를 통한 기업의 지배구조 확장이란 '수직적 계열화'와 '수평적 계열화' 두 가지 중에 어느 하나로 정답이 정해진 것이 아니다. 다만 그 기업이 처해 있는 상황에서 가장 높은 시너지를 창출할 수 있는 부분이 어떤 영역인가에 따라서 결정될 뿐이다.

현재의 시장에 불과 1년, 또는 2년 사이에 예상도 못 할 변화가 발생한 적도 있다. 따라서 지금까지의 경험과 앞으로의 단기적인 관점에서 보는 것으로 모든 것을 결정하기란 어렵다. 시장은 항상 변하기 때문에 시장의 변화에 답이 있다. 시장의 변화에 얼마나 적응하느냐 하는 것이 기업의 앞날에 주어진 과제이다. 즉 변화하는 시장에 적응하는 기업은 살아남는 것이고 적응하지 못하는 기업은 어려워질 것이다.

300% 강한 영업

황창환 지음 | 14,000원

내 기업의 강점은 살리고 매출을 올리고 싶은가? 강한 기업을 만드는 강한 경영자가 되는 비밀을 담았다!

3년 적자 기업을 신규 고객 창출로 흑자 전환한 경험, 2년 만에 40개가 넘는 신규 지점을 개설한 경험, 폐점 직전이었던 매장의 영업 실적을 50% 이상 증대시킨 경험, 정체되어 있어 있던 매출을 두 자릿수로 성장시킨 경험 등 저자의 실제 영업 성공 사례와 생생한 노하우를 한 권에 담아냈다! 언제 어디서나 기업에 혁신을 일으킬 수 있는 영업 비법을 손에 쥐고 싶은가? 시대와 시장의 흐름에 영향받지 않는 지속적인 매출과 경영 성과를 얻고 싶은가? 그렇다면 지금 당장 강한 기업이 되기 위한 첫 번째 관문, 바로 '강한 영업'을 시작하라!

혁신을 가져오는 '3P' 영업 비법

스마트오피스 레볼루션

김한 지음 | 15,800원

10년 후에도 우리 회사가 살아남으려면? 스마트한 인재가 모이는 스마트오피스가 답이다!

예측하기 힘든 4차 산업의 혁명기 속에서 기업이 생존하려면 무엇이 필요할까? 바로 스마트한 인재(스마트 워커)다. 그들을 어디에서 찾냐고? 생각보다 어렵지 않다. 우리가 찾는 대신 그들이 우리 기업으로 오게끔 하면 된다. 이 책은 4차 산업 혁명 시대의 큰 물결 앞에서 경쟁력 확보를 원하는 기업에게 공간의 힘을 기반으로 한 기업문화 혁신 모델을 제시한다. 재택근무와 화상회의, 자율좌석제 도입을 넘어서 10배 생산성을 가진 스마트피플이 마음껏 일하고 AI, 로봇과 함께 일하도록 기업 업무 환경에 혁신을 일으키는 방식을 제안한다.

스마트오피스에 대한 가장 완벽한 해답

플랫폼과
콘텐츠의
관계 분석

애프터 코로나 비즈니스 4.0

선원규 지음 | 18,000원

강력한 생태계를 만들어가는 플랫폼 사이에서 생존하는 콘텐츠를 발견하라!

앞으로의 미래 시장에서 살아남으려면 플랫폼과 콘텐츠 중에서 어떤 것에 중점을 두어야 할까? 이 책은 이 문제에 대해 해결점을 찾아갈 수 있도록 플랫폼과 콘텐츠를 자세히 다루고 있다. 현 사회와 플랫폼과 콘텐츠의 상관관계를 이야기하며 플랫폼과 콘텐츠 사업모델의 다양한 종류를 소개한다. 또한 어떻게 해야 강력한 플랫폼과 콘텐츠를 만들 수 있을지 그 전략을 설명하며 앞으로의 미래 시장의 전망을 다루고 있다. 이 책을 통해 수많은 콘텐츠가 유입되는 사랑받는 플랫폼, 플랫폼의 러브콜을 받는 콘텐츠를 개발할 수 있을 것이다.

사장이 알아야 할
기본 개념 40가지

사장 교과서

주상용 지음 | 14,500원

사장, 배운 적 있나요?
경영 멘토가 들려주는 사장의 고민에 대한 명쾌한 해법

대기업과 달리 중소기업의 사장은 대체할 수 없는 리더십이다. 따라서 조직의 성과를 높이고 효율을 증진시키기 위해서는 누구보다 먼저 사장 자신의 효율성이 높아져야 한다. 이 책에서는 기업 CEO들의 생각 친구, 경영 멘토인 저자가 기업을 성장시키는 사장들의 비밀을 알려준다. 창업 후 자신의 한계에 부딪혀 성장통을 겪고 있는 사장, 사람 관리에 실패해 재도약을 준비하고 있는 사장, 위기 앞에서 포기하기 직전에 있는 사장, 향후 일 잘하는 사장이 되려고 준비 중인 예비 사장들에게 큰 도움이 될 것이다.